U.P.plus

War in
Ukraine and Europe

ウクライナ戦争
と
ヨーロッパ

細谷雄一 編
Yuichi HOSOYA

東京大学出版会

UP plus
War in Ukraine and Europe

Yuichi HOSOYA, Editors

University of Tokyo Press, 2023
ISBN978-4-13-033307-8

ウクライナ戦争とヨーロッパ　目次

ウクライナ戦争とヨーロッパ

装幀——水戸部功

序　ウクライナ戦争はヨーロッパをどう変えたのか

細谷雄一

（ほそや　ゆういち）
慶應義塾大学法学部教授
専門は国際政治史
著書に『外交による平和――アンソニー・イーデンと二十世紀の国際政治』（有斐閣）、『外交――多文明時代の対話と交渉』（有斐閣）、『倫理的な戦争――トニー・ブレアの栄光と挫折』（慶應義塾大学出版会）『国際秩序――18世紀ヨーロッパから21世紀アジアへ』（中央公論新社）など多数。

1　戦争のヨーロッパ、平和のヨーロッパ

二〇二二年二月二四日に始まったロシアによるウクライナ侵略は、戦後ヨーロッパの国際秩序を根底から揺るがすような、巨大な地殻変動をもたらしている。このロシアによるウクライナ侵略が、ヨーロッパの多くの人々にとってどれだけ巨大な衝撃であったのかをより深く理解するためにも、この戦争に至るまでのヨーロッパ国際関係の歴史を辿ることもまた重要であろう。ここでは本書全体に繋がるような、ウクライナ戦争の背景としての、そこに至る冷戦後のヨーロッパの国際関係を俯瞰して、いくつかの論点を提示することにしたい。

二〇世紀の前半に二度にわたる世界大戦を経験したヨーロッパは、それによって国際社会における影響力を大きく失った。続く二〇世紀後半にはアメリカとソ連という二つの「超大国」の支配によって、ヨーロッパ大陸は冷戦対立の中で分断された。二〇世紀のヨーロッパは、戦争と、対立と、分断こそがその特質であり、それとともに多くの悲劇が生まれた。

そのようななかでも、西ヨーロッパ諸国は、戦後の歴史において急速な経済復興と欧州統合によって繁栄と平和の回復することに成功した。また、それによってヨーロッパは国際社会における影響力の回復を目指した。冷戦終結を経て、平和によってそれまでの分断を克服し、自由と民主主義を拡大し、そしてその結果として戦争の恐怖を克服したことは、ヨーロッパ諸国にとっての「成功物語」となり、人々の間に巨大なユーフォリア（多幸感）をもたらすことになった。それが、今から三〇年ほど前の出来事であった。

一九八九年にベルリンの壁が崩れ落ち、いわゆる「鉄のカーテン」という分断線が消失した。さらに一九九一年にソ連邦と

いう巨大な帝国が解体することによって、多くの人々がヨーロッパにおける新しい時代の到来を祝福した。それは、旧共産圏においてソ連という帝国の支配からの解放、さらには自らの意志で自らの政治を行う自決権の回復の過程でもあった。

もちろん、それを歓迎しない者もいた。ロシア大統領としてウクライナ侵略を指示したウラジミール・プーチン大統領は、そのような一人であった。廣瀬陽子慶應義塾大学教授によれば、「プーチンにとってのグランド・ストラテジーは、『勢力圏(Sphere of Interests)』の維持である」という[1]。ソ連の解体を「二〇世紀最大の地政学的悲劇」と定義したプーチンからすれば、自らが生まれ育った巨大な帝国が音を立てて崩れ落ちること、そしてそこから分離独立を試みる政治勢力が浮上することは容認できないことであった。ソ連外交史が専門のハーバード大学のマーク・クラマーによれば、「一九四〇年代から一九八〇年代半ばに至るまで、ソ連の指導者たちは、東欧を自国の国境の延長線上の上にあると考えていた[2]。」そしてそれは実際に、「ブレジネフ・ドクトリン」という主権制限論として、実践されていくことになる。

冷戦の終結と、ソ連の解体の歴史をどのように眺めるのか。その歴史認識の違いがその後の巨大な世界観の違いをもたらすことになる。そしてそれは、歴史認識の違いに留まらず、世界観の違いでもあった。

ウクライナ戦争は、ヨーロッパの歴史に巨大な傷痕をもたらし、その針路に巨大な影響を及ぼしている。ロシアのウクライナ侵略の世界史的な意味をより深く理解するためにも、冷戦終結後の三〇年の歴史を概観することが重要であり、同時にそのような作業によってはじめて、世界史のなかでわれわれはウクライナ戦争の意味を位置づけることができるだろう。

2　「民主主義諸国の大陸」

今から三〇年ほど前に、西ヨーロッパ諸国やアメリカでは多くの人々が冷戦の終結と、独裁的な共産主義体制の崩壊、そして旧共産圏諸国の人々の解放を歓迎していた。戦後ヨーロッパが、民主主義や平和を着実に育んできたことについて、多くの歴史家がその通史的な書物のなかで言及している。

たとえば、イギリスの歴史家でシェフィールド大学名誉教授のイアン・カーショーは、戦後ヨーロッパの長い歴史を俯瞰する二〇一八年に刊行されたその通史的な書物のなかで、次のようにその歴史を締めくくっている。

「第二次大戦以降、七〇年が経過するなかで、ヨーロッパは劇的に変わった。民主主義諸国の大陸になったのだ――たとえ、いくつかの国が独裁的政治を糊塗するうわべにすぎないとしても、である。ヨーロッパは、二〇世紀前半とは正反対に、軍事が内政にほとんど役割を果たさない市民社会の大陸になった――そして、民主主義の安定の可能性を大いに高めたのだ[3]」。

このように、戦後ヨーロッパの歴史を、いわば民主主義と平和が確立する「成功物語」として綴る歴史観は、カーショー以外の書物のなかにも容易に見出すことができる。そして、そのような「成功物語」を支える二つの制度的な柱が、欧州連合（EU）と北大西洋条約機構（NATO）であった。確かに、NATOもEUも、制度的に多くの問題を抱え、加盟国間でも数々の摩擦が存在する。とはいえ、冷戦終結後に多くの旧共産圏諸国が、厳しい加盟基準を乗り越えて加盟を希求してきた事実は、その成功の軌跡を示している。

かつて、政治学者のカール・ドイッチェは、NATOを「安全保障共同体（security community）」と呼び、そのような共同体の成立によって加盟国間での戦争が不可能となったと論じた[4]。カーショーは、次のようにEUとNATOがこれまでヨーロッパの繁栄と平和に寄与してきた歴史を評価する。すなわち、「重大な否定的側面があるにもかかわらず、過去七〇年のヨーロッパの変化が、かなり肯定的であったとするなら、これは北大西洋条約機構（NATO）とヨーロッパ連合（EU）という戦後の二つの発展に負うところが、けっして小さくない[5]」。

冷戦の終結によって、多くの旧共産圏諸国がそのようなEUとNATOに加盟したいと考えるのは、むしろ自然なことであった。というのも、戦後のヨーロッパの多くの人々にとって、EUとNATOはそれぞれ繁栄と平和の象徴と見られていたからである。それだけではない。かつてソ連の勢力圏に含まれていた多くの中・東欧諸国が、いわゆるブレジネフ・ドクトリンとしての主権制限論の桎梏の中で自決権が一定の制約の下にあったのに対して、EUやNATOはあくまでも加盟国の自決権を前提として、加盟国間の対等な関係を前提とした協力や統合を目指すものであるからだ。

モスクワから見れば唯一の超大国となったアメリカが進めるNATO拡大という自国への脅威も、自決権や同盟選択権を回復した中・東欧の旧共産圏諸国から見ればむしろ、平和や繁栄への近道と捉えられたのである。そして、そこへの参画は、主権国家としての当然付与されるべき権利であった。異なる視点によって、NATOの実体についての認識も大きく異なるのであろう。広瀬佳一防衛大学校教授が論じるように、「NATO拡大には、ソ連という脅威への備えを強化するという目的以外に、民主主義体制を支え、法の支配を擁護し、地域秩序の安定化に寄与するという目的が冷戦期より存在していたことが確認できる」のである[6]。そして、「法の支配」や「地域秩序の安定化」、「民主主義体制」の確立が冷戦後のヨーロッパ秩序の根幹にあるべきものとみなすのであれば、EUやNATOの拡大は不可避的な趨勢であった。

3　「暗黒の大陸」

光があるところには影もある。

EUとNATOの歩みが、必ずしもヨーロッパ大陸に進歩や平和のみをもたらしてきたわけではない。そこには多くの問題もまた、内包されていることも直視せねばならない。

コロンビア大学教授の歴史家マーク・マゾワーは、ヨーロッパを「民主主義の大陸」と位置づけるそのような楽観的で進歩主義的な歴史観を拒絶する。すなわち、「ヨーロッパの文明的な優越性の感覚を無傷で維持することは、精神的な境界線を絶えず引きなおすことを必要とした。いわゆる『ヨーロッパ共同体』は大陸の半分を暗に無視している。戦後のヨーロッパは西側と同一視されたのである。落胆した東ヨーロッパ人は、野蛮人と距離を取るため、自分たちは『中央ヨーロッパ』であると主張した[7]」。

マゾワーは「一九八九年の真の勝者は民主主義ではなく資本主義である」と論じ、冷戦の終結が必ずしも「民主主義の勝利」に繋がっていない現実を指摘する[8]。そして、そのような「資本主義の勝利」が新たな格差や分断をもたらした現実に光を当てる。マゾワーは現代においても独裁や権威主義、格差、人種差別、紛争が残存するヨーロッパ大陸を、「暗黒の大陸」と称する。不吉なことに、マゾワーは一九九八年に刊行したこの書物の中で、「危険なのは、西側が弱体化したロシアの問題を真剣に受け止めていないことである」と警告していた。さらには、ロシアやその他の旧ソ連構成諸国の経済的困難を念頭に、「EUは――第二次世界大戦後のアメリカの西欧への援助とは対照的に――わずかな財政支援しかせず、ヨーロッパが長期的な展望に立って計画できないことを憂鬱にも思い出させている」と批判的に論じる[9]。このように、冷戦後のヨーロッパに潜む独善や自画自賛に警告を発する声も存在していた。

冷戦の終結はヨーロッパにおいて、「民主主義の大陸」という性質と、「暗黒の大陸」としての性質と、異なる二つの特徴を照射することになった。主にアメリカやEUから観るヨーロッパは「民主主義の大陸」としてのそれであり、他方でロシアから観るヨーロッパは「暗黒の大陸」であったのかもしれない。そのような、冷戦後ヨーロッパの光と影が交わったのが、二〇二二年二月二四日に始まったウクライナ戦争であった。

二一世紀のヨーロッパに生きる人々が、ヨーロッパ大陸で民主主義や、繁栄、人権といった価値を拡大していくことを求め、それが必要だと考えていたのとは対照的に、自国の周辺に帝国主義的な「勢力圏」を確立したかったロシアからすれば、それが敵対的な勢力の膨張により、自国の利益と安全が深刻な危機に晒されていると考えたのかもしれない。

4　「危機の三〇年」

イギリスの歴史家、E・H・カーは、第一次世界大戦後の二〇年間、ヨーロッパ諸国が楽観的でユートピア主義的な平和観に拘泥し、パワーの現実を直視なかったことを批判して、その時代を「危機の二〇年」と称した。同様に、冷戦終結後の「三〇年」もまた、ソ連崩壊後に楽観的に民主主義や平和がヨーロッパ大陸で拡大すると想定していたことから、「危機の三〇年」と呼ぶことができるのではないか[10]。

板橋拓己東京大学教授によれば、「ドイツ統一は、冷戦の終焉を象徴する出来事であると同時に、現代ヨーロッパ、ひいては現代国際政治のあり方を規定するものであった」という[11]。さらには、「それらはユーロ危機やウクライナ危機――二〇二二年二月のロシアによる侵略にまで発展――といった、現代のヨーロッパが抱える難問の、直接の原因ではないにせよ、遠因にもなっている」[12]。いわば、冷戦終結時のヨーロッパ国際関係、とりわけロシアと西側諸国との認識の齟齬や摩擦、相互不信が、その後に醸成されて、よりいっそう深刻な亀裂へと発展していったのである。

西側諸国から見れば、民主主義や自由の勝利と見えた冷戦終結も、ロシアからは異なって映っていた。ロンドン大学のソ連外交史専門家のヴラディスラフ・ズーボックは、ゴルバチョフ書記長が西側諸国との和解を進め、政治改革を進める様子を、「西側主義」[13]として罵る風潮が当時のソ連国内には見られていたと論じる。またロシア内の一部の勢力は、政治改革を進め、解体に帰結するソ連の内部で、西側の影響を受けた「隠された敵」や「影響力のエージェント」を危険な存在として、国家を解体に導いたと敵視していた様子を説明する。ズーボックによれば、ロシア国内では、「西側勢力との競争、とりわけアメリカ経済とのそれにおいて、自らが敗北したという苦悶の中の実感が強まっていった」[14]。さらには、「軍事偏重の排外主義的な帝国主義や、ロシアにおける狂信的な優越性」が強まっていき、次第にアメリカやNATOに対する敵愾心や復讐心が強まっていく[15]。

他方で、この冷戦後の「危機の三〇年」の初期のヨーロッパの国際関係において、ウクライナに配備されている旧ソ連の核兵器をどのように移管、解体するかという問題が、とりわけ深刻で、重大な問題となっていた。というのも、当時ウクライナに配備されていた核兵器の数は、アメリカ、ロシアに次いで世界第三位であり、ウクライナは潜在的な「核大国」であったからである。そのような、ウクライナという「核大国」の未来をどのように考えるかという問題は、冷戦後のヨーロッパにおける深刻な安全保障上の懸念であった。

一九九四年一二月の欧州安保協力会議ブダペスト首脳会合では、この問題をめぐってアメリカ、イギリス、ロシアの三国が「ブダペスト覚書」と称する合意を生んだ。そこでは、ウクライナが核兵器を廃棄・移管した後にNPT（核拡散防止条約）体制に加わることを前提に、米英ロの三国がウクライナの政治的独立と領土保全を「保障（assurance）」することを約束した。アメリカの元駐ウクライナ大使であったスティーブン・パイファーによれば、この覚書の交渉過程の中で、アメリカ政府高官は「ロシアがその覚書を蹂躙した場合、アメリカはそれに強い利害を持ち、反応をするだろう」と論じていた[16]。これは、ウクライナの将来の安全に、アメリカがイギリスやロシアとともに、一定以上の関与を行うことを意味していた。

核不拡散、および核廃絶をこれまで重要な外交目標としてきた日本もまた、ウクライナの非核化に一定の役割を担っていた。駐ソ公使や駐東独大使を歴任した新井弘一は、この問題に日本の外交官として関与し、その過程について次のように批判する。「米国を始め西側諸国は、NPT体制防禦という大義のために、ロシア側と協力しつつ、ウクライナに対して、専ら核の放棄を迫るだけで、非核国の安全保障というもう一つの重要な要請に殆ど答えてこなかった」[17]。さらに、「このことが、民族的に複雑な火種を抱えるウクライナの国内事情と相俟ち、ウクライナの核問題をこじらせる原因となった」と述べる[18]。

このように冷戦終結後、ウクライナに配備された核兵器の移管および廃絶を推進する努力がなされた一方で、領土的野心を持つロシアの圧力からどのようにウクライナの政治的独立と領土保全を守るかについて、必ずしも真剣な考慮がなされなかった。一九九五年の時点で、ウクライナが「核を放棄した代償に、はたしてロシアからの安全は守られるのか」について、日本の外交官によってすでに不安が示されていたことは、注目すべきあろう。新井はここで、「その後ロシアでは、再び失地回復を志向する大国主義的風潮が鎌首をもたげるようになった」と警鐘を鳴らしていた[19]。将来に、ブダペスト覚書を反故にして、ロシアがウクライナの領土保全を侵害する懸念は、すでに一九九〇年代半ばから濃厚だったのだ。だが、アメリカやイギリスは、ウクライナの有する国家安全保障上および領土保全上の懸念を、必ずしも真剣に共有していなかったのではないか。

ウクライナの安全をめぐる問題の発端は、すでに一九九二年三月に浮上していた。このときに、ロシア議会外交委員長ウラジーミル・ルーキンはメモランダムを発表して、「黒海艦隊をロシアの手に取り戻すため、ウクライナに分割されたクリミアの領有権を再検討すべきであると主張した」のである[20]。さらには、「次いで四月になると、ルツコイ副大統領は、ウクライナの反対を押し切り、黒海船隊視察のためセバストポリを訪問した」[21]。ロシアとウクライナと、両国が、セバストポリの黒海艦隊の自国への帰属を主張したのである。両国間の緊張は高まった。

ウクライナに配備されていた核兵器と同様に、黒海艦隊もまた、その帰属がロシアとウクライナの間で係争状態にあった。新井は次のように説明する。「クラフチュク大統領は、大統領令をもって、黒海艦隊がウクライナの管轄下にあることを宣言、一方エリツィン大統領は、同じく大統領令をもってこれに対抗し、緊張が高まったが、結局、両国は、議会合同委員会を設置し、検討することで妥協し、ウクライナの戦術核の輸送が再開された」[22]。このように、一九九二年の危機はいったん、回避された。

新井は一九九二年三月のウクライナとロシアの、クリミア半島およびそこに配備される黒海艦隊の帰属をめぐる両国の対立を見逃さなかった。そして、「このエピソードは、ウクライナとロシアの公然たる対立の序曲に外ならなかった」と、両国間の関係に暗雲が立ちこめている事実を指摘している[23]。

外務省のロシア専門家としての新井の分析は鋭く、すでに一九九五年の段階で次のように将来の紛争を予見していた。「ウクライナは、同じスラブ人でありながら一七世紀以来、第一次世界大戦後の短期間を除きロシア、ソ連に支配された歴史を持つが、それだけに強い独立心と、ロシアに対する激しい反発心のある国民である。一方、ロシアにしてみれば、キエフは、ロシアの文化と国家の揺籃の地であり、キエフを失った挫折感は強い。ロシアの古い諺にも『モスクワはロシアの心臓、セント・ペテルブルグはロシアの頭、キエフはロシアの母』という言葉がある」[24]。

新井は、そのような、「キエフはロシアの母」と両国の一体性を主張するロシアと、「強い独立心」と「ロシアに対する激しい反発心」を有するウクライナとの間の対立を懸念していた。そして、アメリカ政府が一貫してロシアとの戦略的な安定性をあまりにも優先するあまり、ウクライナの国家安全保障をしばしば犠牲にする傾向が見られた問題を指摘する。すなわち、「ブッシュ前大統領がウクライナの独立投票の僅か四ヵ月前に、ソ連に止まるようウクライナに助言したことは広く知られたエピソードであるが、ソ連崩壊後の米国のユーラシア政策は、クリントン現政権に至るまで、ロシアの安定第一主義で一貫し、旧ソ連から独立した共和国諸国の基盤強化については殆ど注意が払われないできた」のである。そして、「NPT体制の保持を外交の最重要目標として位置づけ、ロシアと提携して、ウクライナに対して核を放棄するよう圧力をかけた[25]」。

新井はそのような国際社会の、ウクライナへの冷淡な態度に失望を隠さず、次のように指摘する。すなわち、「ウクライナの核保有の是非を、単に、NPT体制の維持という観点だけからではなく、国家安全保障の確保という、隣国に核を保有する適性国家を持つ国の切実な要請」に対して、真摯に向き合う必要があったのだ[26]。

このような問題に、日本も無縁ではなかった。というのも、この頃「日本は、細川総理よりクラフチュク大統領に対しNPT加入を慫慂する親書を送ったほか核兵器廃棄協力のための枠組協定を三月、ウクライナとの間に締結し、この協定に基づき設置された日・ウクライナ委員会に対し、三月末までに約一六〇〇万ドルを拠出した」からである[27]。日本政府がウクライナに対して、核兵器廃棄を迫ったときに、おそらくはウクライナの国家安全保障をどのように確保するかという問題に対して、あまりにも無理解であったのではないか。

その後、一九九三年七月には、社会党党首の村山富市首相が参加したナポリG7サミットで、「われわれは、安定しかつ独立したウクライナを希望する」という声明を発表している。おそらくこのときにG7サミットの首脳は、村山首相を含めて、将来にそのような共同声明が裏切られ、ロシアがウクライナに対して侵略的な武力攻撃を行うことになるとは夢にも思わなかったのであろう。まさに、冷戦後のヨーロッパに対する楽観主義を、そこに見ることができるだろう。冷戦後のヨーロッパに、パワー・ポリティクスが回帰して、核戦争の懸念が深刻に感じられるようになるまで、もう少し時間が必要であった。

5　自決権をめぐる軋轢

その後、ウクライナ国民は自らの独立、そして自らの運命を自らの意志で決定する自決権（self-determination）を希求して、ロシアと激しく対立するようになっていく。その対立の淵源を理解するためには、一九七五年のヘルシンキ議定書、そして一九九一年のソ連の崩壊にまで歴史的に遡る必要がある。[28]

一九七五年八月一日のヘルシンキ最終議定書では、東西両陣営のすべてのヨーロッパ諸国における自決権と同盟選択権が保証された。もともとこのヘルシンキ会議、すなわち欧州安全保障協力会議（CSCE）では、第二次世界大戦を契機に膨大な新しい領土を併合したソ連が、その膨張した国境線を西側諸国に認めさせることが主眼となっていた。それと同時に、国家間の平等や自決権が確認されることになり、それは一九八〇年代の東欧革命の重要な伏線となる。一九九〇年に独立を達成したウクライナもまた、このCSCEに参加することになり、自決権や同盟選択権を手にしたのである。

一九九一年一二月のソ連の崩壊は、ヨーロッパ大陸に新しい力学を生み出した。ロシアが、ソ連が解体したあとも自らの「勢力圏」の回復を求め、旧ソ連構成諸国の自決権に対して一定の制約を期待する一方で、バルト三国はEUやNATOに加盟し、ジョージアやウクライナもそのような方向性を摸索した。この矛盾が噴出し、衝突したのが、ウクライナにおける二〇〇四年のオレンジ革命や、二〇一三年のマイダン革命であった。はたしてウクライナは、ポーランドやバルト三国のような自決権や同盟選択権が認められるのだろうか。あるいは、引き続き、ロシアの「勢力圏」に留まり、自決権や同盟選択権が剥奪され、自らの意志でEUやNATOへと加盟することが認められないのだろうか。そのような利害対立、そして世界観をめぐる軋轢こそが、二〇二二年二月のロシアによるウクライナ侵略に帰結する、重要な背景であった。

多くの人々が、冷戦の終結の過程のなかで、新しい時代の結果に希望を抱いた。一九八九年五月三一日、アメリカのジョージ・H・W・ブッシュ大統領は、訪問中の西ドイツのマインツにおいて、「機が熟しました。ヨーロッパを一体で自由なものにしようではありませんか」と述べた。[29] この「一体で自由なヨーロッパ（Europe whole and free）」という理念が、その後の冷戦後のヨーロッパ秩序の重奏低音として響き続けることになる。

このマインツでの演説では、ブッシュ大統領は次のような、もうひとつ重要な指摘をした。

「われわれは、すべてのドイツ、すべての東欧にとっての自決（self determination）を求めます」。アメリカ、イギリス、そして西ヨーロッパ諸国は、このようなドイツや東欧における「自決権」を基礎として、冷戦後ヨーロッパの秩序を構想していた。他方で、ロシアはそのような「自決権」の付与には不満を抱き、核大国のロシアを中心とした旧ソ連構成国集結させて、ロシアの「勢力圏」を復活させることを夢見ていた。いわば、ヨーロッパにおける「自決権」を認めるか否かについて、二つの冷戦後の秩序構想が衝突することになる。そこに、現在のウクライナ戦争に至る対立の種子が見られる。

この問題について、ロンドン大学キングス・カレッジ名誉教授のローレンス・フリードマンは、次のように論じている。

「ロシアはけっして、独立したウクライナという考えを許容することはなかった。その代わりに、ロシアはかつての親密な関係へと回帰する方法を模索していた。その努力が挫折したときに、二〇一四年の危機が勃発したのだ。かつてはソ連の国内問題と捉えられていたものが、いまでは国際的な懸念となったのである」[30]。

6　相互不信と対立の醸成

冷戦終結後に自決権と同盟選択権を手にした中・東欧諸国は、EUやNATOへの加盟を希求することになった。それによって、繁栄と平和が手に入れられると考えたからである。その一つの転換点となったのが、一九九七年七月のマドリッドNATO首脳会議での、ポーランド、チェコ、ハンガリーの加盟招請の決定と、一九九九年三月のこれら三国の正式なNATO加盟であった。これについて、広瀬佳一は、「クリントン大統領がNATO拡大に積極的となった背景には、価値共同体としてのNATOを通して中・東欧での議会制民主主義、法の支配、至上主義経済の定着を下支えするという秩序観があった」と論じている[31]。さらには、二〇〇四年三月には、七ヵ国が新規にNATOに加盟することになり、NATOを中核としたヨーロッパ安全保障秩序が確立していく。

さらに、ウクライナ戦争に帰結する摩擦が醸成されていく上で、より重要な転換点となったのが、二〇〇四年の「オレンジ革命」から二〇一四年の「マイダン革命」までの一〇年間であった[32]。ウクライナで、二〇〇四年一一月の大統領選挙の結果をめぐる混乱を端緒に「オレンジ革命」と呼ばれる運動が起こり、それまで首相を務めていていたユーシチェンコがヤヌーコヴィッを破って大統領となった。さらにはその後、親ロ派のヤヌコーヴィチが二〇一〇年に大統領に就任すると、ロシアとの関係を強化する方向へと政策を転換した。その後にEUとの間の連合協定調印の問題をめぐり大きな混乱となり、EUとの協定を反故にした政府の方針への反発から「マイダン革命」が勃発する。このようにウクライナ国内では、ロシアによる内政介入や、「勢力圏」へ組み込もうとする試みへの抵抗からも、政治が不安定化し、混乱が深刻化していった。ウクライナの国内政治においてロシアの影響力が排除されることは、プーチン大統領にとっての深刻な懸念、そして安全保障上の脅威となった。

二〇一四年までアメリカの駐ロシア大使であったマイケル・マクフォールは、その著書の中で、この時期にプーチン大統領が「ヨーロッパ連合（EU）に対抗すべく、ユーラシア経済同盟（EEU）の充実に力を注いでいた」ことに注目する[33]。というのも、「彼の考えによれば、EUの経済をドイツが支配しているように、EUに加盟したバルト三国を除く旧ソヴィエト圏の経済はロシアが支配できるし、また、そうであらねばならなかった」からであった。プーチン大統領は、そもそもヨーロッパ諸国の自決権を考慮せず、EUをドイツによる「勢力圏」と見なしていたのである[34]。

「マイダン革命」による死者を伴う国内騒乱の結果、二〇一四年二月にヤヌコーヴィチ大統領はロシアに亡命して、権力の空白が生まれる。プーチン大統領がそれをアメリカによる陰謀だと疑わず、自らの「子飼い」ともいえるヤヌコーヴィチが権力基盤を失ったことに怒りを感じた。マクフォール大使は、次のように述べる。「プーチンは、ヤヌコーヴィチを追放したのはアメリカである、とのちのちまで批判を繰り返している。その時も妄想にとりつかれて、腹に据えかねたのではないか。ウクライナでクーデタを仕掛けたのはアメリカであり、群衆はアメリカの指示に従っただけだ、というのがロシアの御用メディアの解説だった。プーチンはこう思ったかもしれない。またしてもＣＩＡにやられた[35]」。

さらに、マクフォールは次のように回顧する。「クレムリンはウクライナの新体制を、非合法な簒奪者と決めつけた。そしてクリミア半島を併合した。プーチンは数日間、秘密裏に初動の作戦を展開した[36]」。これが、二〇一四年三月のロシアによる一方的なクリミア併合である。マクフォール大使は、「マイダン広場の抗議活動はオバマが組織したものではない」と述べる[37]。「プーチンのアメリカ批判は言いがかりである。全てはウクライナの事情で動いた。アメリカはヤヌコーヴィチの放逐も画策してはいない。むしろ、最後の最後までヤヌコーヴィチと群衆の間で政治的解決が達成させるように努力した」という[38]。結局のところ、ウクライナの自決権を認めておらず、政治的独立を容認できないプーチンにとって、そのような偏見からアメリカの陰謀を確信してしまったのかも知れない。

このようなロシアの軍事行動をもとに、ＮＡＴＯはロシアに対する警戒感と不信感を強めていく。そもそも、二〇一〇年のＮＡＴＯ戦略概念においては、ロシアについては「真の戦略的パートナーシップを目指す」と記されており、「脅威」とはみなしていなかった[39]。そのようなＮＡＴＯの対ロシア協調政策が、二〇一四年三月のクリミア半島の強制的な併合と、その後のウクライナ東部侵攻によって、大きく崩れる。それゆえ、それ以後ＮＡＴＯは、「集団防衛」を再び最大の同盟の任務と確認し、ロシアに対する抑止力と防衛態勢強化を迫られるようになる[40]。そのことが、さらにプーチンにとっての脅威と映ったのであろう。

いわば、プーチン大統領自らが、一方的に、ロシアの「勢力圏」が脅かされていると考え、ウクライナをその一部に組み込むことが不可欠だと考えることによって、冷戦後の国際秩序を根本から破壊するような軍事行動に突き進んだというべきであろう。それまでＮＡＴＯは、ロシアとの協調的な関係を模索して、そのために一九九一年には北大西洋協力理事会（ＮＡＣＣ）、一九九四年には「平和のためのパートナーシップ（ＰｆＰ）」、さらには一九九七年のＮＡＴＯロシア基本議定書やＮＡＴＯ・ロシア常設合同理事会設立を通じて、重層的にロシアとの協力体制を構築してきた。そして、すでに見たようにそのような協力体制を基礎として、一九九四年にはブダペスト覚書としてのウクライナの非核化を実現した。二〇一四年はそのようなＮＡＴＯとロシアの協力体制を崩壊させて、二〇二二年のウクライナ戦争勃発への道を開いたというべきであろう。

7　ウクライナ戦争はヨーロッパを変えるか

本書は、ヨーロッパ国際関係の視座から、ウクライナ戦争をめぐる推移について多角的に検討を加えることを目的としている。すでに同じシリーズから、共著の『ウクライナ戦争と世界のゆくえ』が、戦争勃発後の早い段階で刊行され、それぞれの分野の第一人者の専門家による優れた論考が集められている[41]。本書はそのような問題意識を継承しながらも、ヨーロッパを焦点にあてて、より深くそれぞれの問題を掘り下げて検討を行っている。

はたして、ウクライナ戦争はどのようにヨーロッパを変えるのか。それは、いうまでもなく、戦争の終わり方に深く連動し、今後の推移によって大きく左右されるであろう。他方ですでに戦争勃発から一年半が経過して、さまざまな変化が見られている。それらについては、各章の議論を参照いただきたい。本書は、いまだにウクライナでの戦争が終わらない中で、そしてその将来の行方が定まらない中で、各章とも執筆されている。ウクライナ戦争が、現代の国際秩序に及ぼす影響の巨大さを考慮して、本書を通じてヨーロッパ国際関係という視座からウクライナ戦争への理解を深めていただければ幸いである。

（1）廣瀬陽子「プーチンのグランド・ストラテジーと『狭間の政治学』——ロシアと地政学」北岡伸一・細谷雄一編『新しい地政学』（東洋経済新報社、二〇二〇年）二七一頁。

（2）Mark Kramer, "Gorbachev and the demise of east European communism", in Pons and Romero (eds.), *Reinterpreting the End of the Cold War*, p. 179.

（3）イアン・カーショー『分断と統合への試練——ヨーロッパ史1950-2017』三浦元博訳（白水社、二〇一九年）五三一頁。

（4）Karl W. Deutsch, *Political Community and the North American Area: International Organization in the Light of Historical Experience* (Princeton: Princeton University Press, 1957).

（5）カーショー『分断と統合への試練』五一五頁。

（6）広瀬佳一「NATOの拡大」広瀬佳一編『現代ヨーロッパの安全保障——ポスト2014：パワーバランスの構造を読む』（ミネルヴァ書房、二〇一九年）五七頁。

（7）マーク・マゾワー『暗黒の大陸——ヨーロッパの20世紀』中田瑞穂・網谷龍介訳（未来社、二〇一五年）一六頁。

（8）同、四九五頁。

（9）同、四九八頁。

（10）冷戦後の一九九九年から二〇一九年までの「二〇年間」のリベラリズムの浸透と、リアリズムの欠如という問題意識から、その時代を描写したものとして、Philip Cunliff, *The New Twenty Years' Crisis: A Critique of International Relations, 1999–2019* (McGill Queen University Press, 2020) がある。また、『外交』Vol. 78では、「冷戦終結　危機と矛盾の30年」という同様の趣旨からの特集を組んでおり、そこでは細谷雄一「『危機の三〇年』における国際秩序の変遷」一〇六―一一五頁でそのような問題意識を提示している。

（11）板橋拓己『分断の克服1989-1990——統一をめぐる西ドイツ外交の挑戦』（中公公論新社、二〇二二年）iii頁。

（12）同、iv頁。

（13）Vladislav M. Zubok, "Unwrapping an enigma: Soviet elites, Gorbachev and the end of the Cold War", in Silvio Pons and Federico Romero (eds.), *Reinterpreting the End of the Cold War: Issues, Interpretations, Periodizations* (Oxford: Frank Cass, 2005) p. 145. より詳細には、Vladislav M. Zubok,

Collapse: The Fall of the Soviet Union (New Haven: Yale University Press, 2021) で論じられている。
(14) Ibid.
(15) Ibid.
(16) Steven Pifer, "Why care about Ukraine and the Budapest Memorandum", December 5, 2019, Brookings Institution, https://www.brookings.edu/blog/order-from-chaos/2019/12/05/why-care-about-ukraine-and-the-budapest-memorandum. より詳細な文献として、Steven Pifer, "The Trilateral Process: The United States, Ukraine, Russia and Nuclear Weapons", Brookings Institution, Arms Control Series Paper 6, May 2011, Washington, D.C. および、Steven Pifer, *The Eagle and the Trident: U.S.-Ukraine Relations in Turbulent Times* (Washington, D.C.: The Brookings Institution Press, 2017) 参照。
(17) 新井弘一「ウクライナの核問題」今井隆吉・田久保忠衛・平松茂雄編『ポスト冷戦と核』(勁草書房、一九九五年) 一一一頁。この部分については、すでに、細谷雄一「ロシア＝ウクライナ戦争とイギリスの対応、二〇一四—二〇二三年」『安全保障研究(特集・欧州の安全保障はどうなるか——ウクライナ戦争に直面して——)』第五巻、第一号(二〇二三年三月)三二—四四頁で論じており、一部重複していることをお断りしたい。
(18) 新井「ウクライナの核問題」一一一頁。
(19) 同、一一二頁。
(20) 同、一一五—六頁。
(21) 同。
(22) 同、一一六頁。
(23) 同。
(24) 同。
(25) 同、一二三頁。
(26) 同、一一二頁。
(27) 同、一二五—六頁。
(28) そのような背景については、たとえば、モーリス・ヴァイス『戦後国際関係史——二極化世界から混迷の時代へ』細谷雄一・宮下雄一郎監訳(慶應義塾大学出版会、二〇一八年)九九頁。
(29) U.S. Diplomatic Mission to Germany, "Remarks to the Citizens in Mainz. President George Bush. Rheingoldhalle. Mainz, Federal Republic of Germany, May 31, 1989", https://usa.usembassy.de/etexts/ga6-890531.htm. Also, speech by President George Bush in West Germany, 31 May 1989, in Lawrence Freedman (ed.), *Europe Transformed: Documents on the End of the Cold War* (New York: St. Martin's Press, 1990) pp. 289–294.
(30) Lawrence Freedman, *Ukraine and the Art of Strategy* (Oxford: Oxford University Press, 2019) p. 3.
(31) 広瀬「NATOの拡大」五九頁。
(32) この間の経緯は、中井和夫『ウクライナ・ベラルーシ史』(山川出版社、二〇二三年)第四章を参照。
(33) マイケル・マクフォール『冷たい戦争から熱い平和へ——プーチンとオバマ、トランプの米露外交』松島芳彦訳(白水社、二〇二〇年)二〇七頁。
(34) 同。
(35) 同、二一七頁。
(36) 同、二〇六頁。
(37) 同、二一八頁。
(38) 同。
(39) 鶴岡路人「2020年戦略概念にみるNATOの対露・対中戦略」日本国際問題研究所編『戦禍のヨーロッパ——日欧関係はどうあるべきか——』(日本国際問題研究所、二〇二三年)一七頁。
(40) 合六強「長期化するウクライナ危機と米欧の対応」『国際安全保障』第四八巻、第三号(二〇二〇年)四一頁。
(41) 池内恵・宇山智彦・川島真・小泉悠・鈴木一人・鶴岡路人・森聡『ウクライナ戦争と世界のゆくえ』(東京大学出版会、二〇二二年)。

I　ウクライナ戦争が変えたヨーロッパ

1　ロシアによるウクライナ侵略がEU拡大に及ぼした変化

東野篤子

（ひがしの　あつこ）
筑波大学人文社会系教授
専門は現代ヨーロッパの国際政治
著書に『現代ヨーロッパの国際政治——冷戦後の奇跡と新たな挑戦』（小久保康之、広瀬佳一編著、法律文化社）、『ヨーロッパの政治経済・入門　新版』（森井裕一編、有斐閣）、『ハンドブックヨーロッパ外交史——ウェストファリアからブレクジットまで』（岩間陽子、君塚直隆、細谷雄一編著、ミネルヴァ書房）（すべて共著）などがある。

はじめに

ちょうど二〇年前の二〇〇三年一二月、EUが初の戦略文書として公表した「欧州安全保障戦略　よりよい世界における安全な欧州」は、欧州安全保障環境について以下のように表現していた。「欧州がこれほどまでに豊かで、安全で、自由であったことはない。二〇世紀前半の暴力は、欧州史上前例のない平和と安定の時代へと道を明け渡した。欧州連合（EU）の創設はこうした発展において中心的な役割を果たした[1]」。この文書には、冷戦後のヨーロッパ統合がフランスとドイツとの長年の確執を乗り越えて西欧諸国のあいだで類を見ないレベルの統合を成し遂げ、欧州の平和と安定を築き上げたという自負を反映するものであった。さらに同文書発表の数カ月後には、冷戦中に東西に分断されていた中・東欧諸国を、新たな加盟国として迎え入れることになっていたことも重要な背景であった。冷戦後のEU拡大の進展は、冷戦後欧州の秩序の再編成を勧めるための中核的プロジェクトと位置づけられていた。

　こうしたユーフォリア（多幸感）は、二〇一四年のロシアによるクリミアの違法な占領と、ウクライナ東部における戦闘の激化などの影響だけでなく、相次ぐ経済危機や欧州難民危機、新型コロナウイルスの感染蔓延により、徐々に薄れていくことになる。しかし、二〇二二年二月二四日に勃発したロシアによるウクライナ侵略は、「平和で安全な欧州」の自己イメージの残像を徹底的に崩壊させることになった。この侵略を受けて欧州の安全保障環境は「完全に変化した」のであり[2]、欧州は「ここ数十年で最も深刻な脅威に直面」することになったのである[3]。

　EUはこの危機的状況に際し、二〇二三年八月現在で一一ラウンドにわたる対ロシア制裁を実施し、ウクライナに対しては三七八億ユーロの財政支援、一三〇億ユーロの軍事関係支援（EUの枠組みである欧州平和ファシリティと加盟各国の支援額の合計）、六億八五〇〇万ユーロの人道支援を行っている。また、六〇〇万人に上るウクライナ難民をEU全体で受け入れている。[4] その一方で、こうした支援措置と平行する形で、ウクライナのEU加盟が前進しつつあることは、ロシアによるウクライナ侵略がもたらした「意図せざる結果」といえよう。

本章では、ロシアによるウクライナ侵略がEUにもたらした大きな変化として、ウクライナやモルドバ、さらにはトルコやユーゴスラビアの後継諸国である西バルカン諸国を対象としたEU拡大プロセスが活性化している状況について論じる。EU拡大プロセスは、主に二〇〇〇年代の中・東欧諸国を対象としたいわゆる「東方拡大」をピークとして、長らく停滞の時を迎えたが、ロシアによるウクライナ侵略はそのような状況を一変させた。本章ではまず第一節において、侵略以前のEU拡大プロセスの状況について概観する。第二節では、ロシアによる侵略の開始を直接的な契機として、ウクライナに対する「加盟候補国の地位」承認問題がどのような経緯で浮上し、いかに短期間のうちにその承認がなされたのかについて論じる。第三節では、そのウクライナの動きに触発されるかたちで、西バルカン諸国やトルコのEU拡大プロセスにどのような変化があったのかを論じる。最後に第四節では締めくくりとして、ウクライナのEU加盟実現に向け、ウクライナとEUの双方が抱える課題について概観する。

1　ロシアによる侵略開始前――EU拡大プロセスの停滞

冷戦終焉後の欧州においては、冷戦時の東西の分断を解消するための重要な手段としてEU拡大が目指されていた。[5] 冷戦崩壊後間もない一九九〇年代のフィンランド、スウェーデン、オーストリアの中立諸国、二〇〇〇年代の中・東欧諸国や地中海諸国、[6] そして現在進行中の旧ユーゴ諸国（西バルカン諸国）を対象とした拡大プロセスは、なによりも欧州における平和の構築と安定化の手段として、一九九〇年代後半から二〇〇〇年代にかけてのEUの最重要政治アジェンダを形成していた。

しかしそのEU拡大プロセスは、二〇一三年のクロアチアの加盟をもって一段落したとみなされ、さらなる拡大の実現は喫緊の課題ではなくなったとの認識がEU内部では支配的となっていた。その重要な背景として、一九九〇年代後半以降の拡大プロセスがEUの多くのエネルギーとリソースが必要とするものであったことを受け、深刻な「拡大疲れ」が指摘されるようになっていたことが挙げられよう。[7]

また、個別の加盟希望諸国とEUとの関係においても、解決困難な問題が山積していた。二〇〇五年末に開始されたトルコとの加盟交渉は、トルコがEU加盟国であるキプロスを国家承認していないことや、キプロスの船舶に対するトルコの港湾の開放等を趣旨とした「キプロスに関するアンカラ協定附属議定書」にトルコが署名を拒んだため、EUは二〇〇六年末、三五の加盟交渉対象政策領域（通称「章」）のうち、八つの重要な「章」の交渉を凍結していた。現在トルコの加盟交渉では、一五の章について交渉が開始され、うち暫定的に終了したのは一つの章に過ぎない。さらに二〇一六年以降は、同国の「民主主義の逆行」などを理由としてEU加盟プロセスはさらに停滞し、継続すら危ぶまれる状況となっていた。

二〇一二年および二〇一四年に開始されたモンテネグロとセルビアとの加盟交渉の進展ペースも、極めて緩やかであった。北マケドニアとアルバニアに至っては、二〇〇五年と二〇一四年にそれぞれ加盟候補国としての地位を認定されたにもかかわらず、理事会による正式な加盟交渉開始を待っていた。このことは北マケドニアは一七年間、アルバニアは八年間、加盟交渉に入れず待機していたことを意味する。ボスニア・ヘルツェゴビナは、二〇一六年に加盟申請を行ったものの、加盟候補国としての地位が得られないまま六年が経過しようとしていた。

さらに、ウクライナやジョージア、モルドバなどの二〇〇四年に始動した欧州近隣諸国政策（ENP）や二〇〇九年に始動した東方パートナーシップ（EaP）政策の対象であった旧ソ連諸国に関しては、連合協定等やビザの簡素化などを通じたEUとの関係強化は目指されたものの、これら諸国のEU加盟申請はまだ先のこととみなされており、EU拡大プロセスの対象ではなかった(8)。

2　ロシアによる侵略開始後
――ウクライナとの連帯の一手段としての「加盟候補国の地位」問題

このように、クロアチアの加盟以降およそ一〇年にわたって停滞していたEU拡大が再びEUにおける重要アジェンダに転化した契機となったのは、皮肉なことにロシアによるウクライナ侵略であった。侵略は結果的に、従来の「東方パートナーシップ政策」を大きく超えてEUとウクライナの関係を強化しただけでなく、EU側にも拡大の重要性を再認識させ、拡大プロセス全体を再活性化させることになったのである。

侵略の直接的な帰結としてもっとも重要な点は、EUとウクライナとのあいだに初めて加盟問題が浮上したことである。すでに述べたとおり、ロシアによる侵略以前はウクライナがEUに加盟交渉入りを真剣に求めていたわけではなく、EUにもその意思はなかった。しかし、二〇二一年後半以降ロシアがウクライナ国境地帯に軍を集積させ、侵略開始が目前に迫り始めると、一部のEU加盟国からウクライナへの連帯を示す一環として、同国にEU加盟候補国としての地位を認定すべきであると主張する動きが顕在化するようになる。

そうした主張の先陣を切ったのは、ウクライナ、ポーランド、リトアニアの三カ国がロシアによる侵略開始前日となった二月二三日に発出した合同宣言である。同宣言には、EUはウクライナに加盟国候補国としての地位を認定するべきであるとの主張が盛り込まれていた(9)。この三カ国は「ルブリン・トライアングル」と呼ばれる協力枠組みを二〇二〇年に始動させており、活動開始当初からその重要な活動内容としてウクライナのEU・NATO加盟支援を含めていたことは、この合同宣言の重要な背景として把握しておく必要がある。[10] 一方、本章の趣旨に照らしてさらに重要な点は、この合同宣言が、二〇二二年二月二一日にロシアがウクライナの一部である「ドネツク人民共和国」および「ルハンスク人民共和国」の「独立」を承認する大統領令に署名するとともに、ロシア軍に軍事基地等の建設・使用の権利を与える「友好協力相互支援協定」に署名したことに対する欧州諸国の反応の一つであったことである。米国やEU諸国にとって、ロシアが軍事的威圧を背景としてドネツク・ルハンスクの両人民共和国の「独立」を承認したことは、それまでロシアに侵略を思いとどまらせるための唯一の手段と思われていたミンスク合意の履行の意思が、当のロシアには全くないことを示すものであり、[11]さらに、ロシアに対してミンスク合意の履行を強く働きかけてきたドイツのショルツ首相とフランスのマクロン大統領の外交努力が水泡に帰したことを意味するものであった。[12]米国のバイデン大統領は、ロシアによる両人民共和国の「独立」承認を「ロシアによる侵略の始まりだ」と表現し、[13]米欧における緊張感は一気に高まった。

　ウクライナ情勢が風雲急を告げる中で、ポーランドとリトアニアという、かねてからウクライナに対する支援に最も積極的であった中・東欧諸国の二カ国がウクライナとの連携を強く主張したのは自然な流れであった。一方、EUおよびNATO加盟諸国にとり、その連携のための具体的手段の選択肢はさして多くなかったことも指摘しておかなければならない。とりわけ当時ロシアが、NATO東方拡大をウクライナに対する軍事的威圧の口実として用い続けていた状況において、[14]ウクライナ支援の一環としてのNATOとの関係強化は現実的には採りうる選択肢ではなかった。そもそもウクライナ政府も侵略開始前夜にロシアに対し、ウクライナがNATOへの加盟を断念する意向を伝え、侵略を思いとどまるよう懇願していたとも報じられている。[15]とはいえ侵略の長期化につれ、ウクライナは自らのNATO加盟に関する立場を徐々に変えていくことになるのだが、[16]あくまで侵略開始前後の時期においては、ウクライナ自身もNATO加盟を現実的な選択肢としてみなしていなかったことは明らかだった。

　一方ロシア政府は、侵略開始前夜の時期に関しては、ウクライナのEU加盟を問題視する趣旨の発信を頻繁に行っていたわけではない。[17]NATO拡大とEU拡大をめぐるロシアの対応には一定の温度差が存在していたことは、EUとウクライナの双方にとって安心材料と認識されていた可能性が高い。こうした背景もあり、ベラルーシとウクライナの国境地帯において、ウクライナとロシアとのあいだで停戦に向けた初の協議が行われた二月二八日、ウクライナはEUに対して正式に加盟申請を行った。同日、八カ国の中・東欧諸国（ブルガリア、チェコ、エストニア、ラトビア、リトアニア、ポーランド、スロバキア、スロベニア）が、ウクライナのEU加盟候補国認定をただちに行って加盟交渉を開始するべきであるとの合同宣言を発出した[18]。これを受け早くも三月一日には、欧州理事会のミシェル常任議長が臨時の欧州議会総会において、ウクライナのEU加盟申請は「個人的な見解としては正当と考える」として理解を示していた[19]。こうして、EU内部におけるウクライナの拡大プロセス入りを支持する声は、ロシアによる侵略開始前後の短期間において着実な広がりを見せていた。三月三日にはジョージアとモルドバもEU加盟を申請した。

これにより、ウクライナのEU加盟プロセスは、ロシアによるウクライナ侵略と平行して進められるという、これまでEUが全く経験したことのない形態で展開されることになった。従来の拡大プロセスは多くの時間を費やしながら極めて慎重に実施され、まさにこの点が加盟を希望する諸国の側からすれば主要な批判の対象であったことと比較すると[20]、二〇二二年以降の拡大プロセスの特殊性がいっそう明らかとなる。とくに二〇〇三年六月のテッサロニキ欧州理事会以降本格化した西バルカン諸国への拡大プロセスと比較すると、とりわけEU側の対応ペースの速さは異例といえよう。西バルカン諸国に関しても、一九九〇年代において絶え間ない戦闘を経験していたという経緯はあるものの、EUはその拡大プロセスを対象諸国の「安定化」――対象諸国間の紛争リスクが極めて小さくなった状態――を確保したうえで極めて慎重に進めてきた。しかも多くの西バルカン諸国が「加盟候補国認定」を得たのは、テッサロニキ欧州理事会から何年もが経過した後だった[21]。

翻ってウクライナの場合には、EUはとりわけ同国の「加盟候補国認定」プロセス短縮化に向けて最大限の柔軟性を発揮したといえる。過去のアルバニアの事例では、同国が二〇〇九年四月に加盟申請を行った後、三八四ページにわたる質問票が欧州委員会から同国政府に送付されたのが同年一二月、同国政府が欧州委員会に対して回答を返送したのが二〇一〇年四月であった。しかしウクライナの場合、同国の加盟申請後わずか一カ月強後の四月八日にはフォン・デア・ライエン欧州委員長が四〇ページの質問票を持参してキーウを訪問し、ウクライナ政府は一〇日後に回答を返送している。いうまでもなく、過去のEU拡大における最短記録である。

欧州委員会はウクライナからの回答票を精査した結果、理事会に対して同国に「加盟候補国としての地位」を与えるよう勧告し、六月二三―二四日に実施された欧州理事会でウクライナとモルドバに対して加盟候補国の地位を認定することで合意した。同時にウクライナに対し、加盟候補国としての地位を保持し、それによって加盟交渉を開始するための七つの条件を提示した（表1）[22]。

ウクライナのゼレンスキー大統領はこのEUの決定に対し、「あなた方（EU）はウクライナの独立以降の三〇年間で、最も重要な決断を行ってくれた」、「しかし、この決定はウクライナのためのものだけではないと信じている。ロシアによる戦争が自由と団結を維持するための私達の能力を試している今このときに、そしてこのような困難な状況において、これ（EUに

表1　加盟候補国としての立場を維持するためにウクライナに期待される七つの改革

- 憲法裁判所の選考手続き関連法の採択と履行。
- 高等司法評議会の構成員候補に対し、倫理評議会による公正性審査の完了。また「ウクライナ高等裁判官選考委員会」創設のための候補選択の完了。
- 汚職（特に高官レベル）との闘いの強化。
- マネーロンダリング対策法関連改革。
- 反オリガルヒ法の施行。
- EU指令に合致した報道機関法の採択。
- 現在準備中の民族的マイノリティ関連法基盤の改革の完了、および履行メカニズムの採択。

（出典）　Directorate-General for Neighbourhood and Enlargement Negotiations, Communication from the Commission to the European Parliament, the European Council and the Council, Opinion on Ukraine's application for membership of the European Union, COM（2022）407 final, Brussels, 16 June 2022, pp. 20-21を元に筆者作成。

よるウクライナの加盟候補国認定）は欧州を強化するために今とりうる最大のステップなのだ」と述べ、ウクライナのEU加盟を欧州秩序の安定のための一手段と位置づけている。[23]

3　意図せざる波及――EU拡大の再活性化

　ウクライナのEU加盟申請は、他の加盟候補国（およびまだEUから加盟候補国認定を受けていなかった「潜在的加盟国」）とEUとの関係にも大きな影響をもたらすことになった。二〇二二年後半以降、EU拡大プロセスは多方面で再活性化の動きを見せている。北マケドニアとアルバニアは、二〇二二年七月に加盟交渉をようやく開始することになった[24]。ボスニア・ヘルツェゴビナも二〇一六年の加盟申請以降ほぼ六年間にわたってほとんど事態が動かなかったが、二〇二二年一二月にようやくEU加盟候補国としての地位を認められることになった（二〇二三年七月現在の加盟候補国・潜在的加盟候補国については表2参照）。

　こうした展開の背景としては、長らく拡大プロセスの進展がなかった他の加盟候補諸国・潜在的加盟候補諸国の状況を変えないままで、侵略開始前まで全くEU拡大プロセスに入ることが想定されていなかったウクライナおよびモルドバが先んじて加盟プロセスを進めることは望ましくないとの判断がEU側で働いたものと考えられる。

　さらに、二〇〇六年以降捗捗《はかばか》しい進展が見られなかったトルコのEU加盟問題にも、二〇二三年に重大な転機が訪れた。この転機はロシアによるウクライナ侵略以降に、スウェーデン（とフィンランド）を対象としたNATO拡大という、全く別個の問題がいわば「伝播」する形でもたらされたことが特徴的である。

　この「伝播」はどのようにもたらされたのか。二〇二二年五月にスウェーデンがフィンランドとともにNATOに加盟申請を行ったのに対し、トルコはスウェーデンがクルド人テロリストを保護していること、また二〇一九年以降トルコに対する武器禁輸等の制裁を実施していることを理由にスウェーデンのNATO加盟に難色を示し続けていた。フィンランドのNATO加盟は二〇二三年四月に実現したものの、スウェーデンのNATO加盟に関する決定は同年七月のヴィリニュスNATO首脳会議まで持ち越しとなっていた。当然同会議においては、トルコがスウェーデンのNATO加盟に向けた妥協を行うことが強く期待されていた。

この首脳会議でのトルコのエルドアン大統領の主張は、「まずEUへのトルコへの道を切り開こう。そうすれば（トルコが）フィンランドへの道を開いたのと同じように、スウェーデンへの道も開けよう」というものであった(25)。あたかもトルコがスウェーデンのNATO加盟を認めることと引き換えに、自国のEU加盟を要求するかのようなエルドアン発言は、欧州内外で広く報道された。最終的にエルドアン大統領、スウェーデンのクリスターソン首相、ストルテンベルクNATO事務総長の三者にミシェル欧州理事会議長も加わって協議が重ねられた結果、スウェーデンがトルコのEU加盟プロセスと関税同盟近代化、ビザ自由化を進めるための努力を「スウェーデンが積極的に支持する」ことが盛り込まれた(26)。NATO拡大に関する合意事項にEU拡大に関する条件が盛り込まれるという、前代未聞の展開となったのである。

表2　EU加盟候補国および潜在的加盟候補国

【加盟候補国】
アルバニア
モルドバ
モンテネグロ
北マケドニア
セルビア
ボスニア・ヘルツェゴビナ
トルコ
ウクライナ
【潜在的加盟候補国】
ジョージア
コソボ

このときのトルコの要求はあくまでも「即時加盟」ではなく、トルコの加盟プロセスを再度活性化させることが目的であったことが、事後的に判明している(27)。しかし本来、EU加盟とNATO加盟は完全に別個のプロセスであり、相互に取引可能なものではないことは確認しておく必要があろう。二〇〇五年以降一八年近くにわたってEU加盟交渉に参画し、EU拡大をめぐる諸原則を熟知しているはずのトルコが、こうした「バーター」について言及したことに対し、EUからは否定的な反応があがった。とりわけ欧州議会外交委員会は、ヴィリニュスNATO首脳会議から数日後の七月一八日に採択された報告書において、トルコに対して「これ以上の遅滞なくスウェーデンのNATO加盟を批准するよう」求めると同時に「ある国のNATO加盟プロセスを別の国のEU加盟プロセスに結びつけることは決してできない」と強調している(28)。本章執筆時点（二〇二三年八月）でトルコのEU加盟プロセスがなんらかの新たな進展を迎えたという状況はまだ生じていないが、NATO首脳会議はEUにとって、トルコにそもそもEU加盟プロセス継続の意思があることを確認し、さらにトルコがスウェーデンのNATO加盟問題と自らのEU加盟問題とをリンクして条件闘争を持ちかける意図があることに驚き、警戒させる契機となったといえる。

おわりに――加盟実現に向けたウクライナとEU双方の課題

以上論じてきたように、ロシアによるウクライナ侵略は、ウクライナのEU加盟問題を急浮上させただけでなく、長年にわたって停滞していたトルコや西バルカン諸国等を対象とした従来のEU加盟プロセスも再活性化させるという副次的効果をもたらした。しかし、現在観察されている再活性化が長期的に維持された上で、これら諸国のスムーズなEU加盟「実現」に繋がるか否かは予断を許さない。とりわけ、ウクライナのEU加盟プロセスには多くの課題が予見される。

本章で述べてきたとおり、EUはウクライナに加盟候補国としての地位を与え、加盟交渉開始のための諸条件を提示するところまでは、異例のスピードをもって対処してきた。しかし、加盟実現のためのさらなる諸条件や加盟実現時期などについては、EU内部で明確な合意が依然として形成されていないのも現実である。フランスのマクロン大統領は二〇二二年五月、ウクライナの正式加盟までには「数十年を要する可能性がある」と発言している[29]。マクロン大統領がEU拡大には常に消極的な姿勢を示してきたという背景は考慮する必要があり、またスロベニア、ポーランド、ミシェル欧州理事会議長等が、ウクライナ等のEU加盟実現の目安として「二〇三〇年」という期日に言及しているが[30]、全体としては、ウクライナをはじめとした諸国の早期の加盟実現は困難だとの認識が支配的と見られている。対象的に、ウクライナのシュミハリ首相は二〇二三年一月に、同国が「二年以内に」EUに加盟するという「非常に野心的な計画」を有していると発言しており[31]、早期加盟を巡るウクライナの希望と既加盟諸国の認識には大きな乖離がある。

そもそもEU加盟は、極めて煩雑で長期にわたるプロセスを必要とする。たしかに今回のウクライナのEU加盟申請は、ロシアによる侵略を背景とするという特殊事情の中で、ウクライナとの連携を強化する観点から急速に進んだ側面がある。しかし同時に、冷戦終結後二〇年以上かけて作り上げてきたEU拡大のプロセスを、ウクライナの特殊事情に合わせて大幅に変更・短縮することもまた難しいというのが、現加盟諸国側の正直な認識でもあろう。また、停滞しがちな拡大プロセスをようやく前進させることができた他の加盟候補国も複数いる中で、ウクライナの「特別扱い」は困難であるという事情も存在する。

ウクライナが抱える最大の課題は、ロシアとの戦争と並行して、EU加盟基準合致のための改革を進めることである。すでに述べたとおり、欧州委員会は二〇二二年六月にウクライナに対し、加盟候補国としての地位を維持し、加盟交渉に入るための七つの条件を提示しており、ウクライナ政府は二〇二三年八月までに、司法改革、報道関連法、憲法裁判所判事の任命方法導入のための新法の承認等の条件をクリアしている。

今後の政治日程としては、欧州委員会が一〇月までにウクライナの準備状況に関する報告書を出すことになっている。仮にその報告書で欧州委員会がウクライナのEU加盟交渉開始を勧告し、同年一二月の欧州理事会が全会一致でこれを承認すれば、加盟交渉は最短で二〇二四年に開始される可能性がある。

しかし、仮にウクライナが二〇二三年末までに、加盟交渉に入るための条件を満たしたとしても、加盟交渉中にはさらに政治、経済、社会のあらゆる側面での改革を、ロシアからの侵略に抗いながら実施しなければならない。これに復興という重圧が加わることになり、ウクライナが今後EU加盟のために負わなければならない負担は極めて大きい。

一方EU内部では、ウクライナがEU加盟交渉開始準備を終えられない以上に、EUの側でウクライナの受入体制が整っていないとして、むしろEU側の状況を問題視する見解も少なくない。ウクライナがEUに加盟すれば、同国は（ロシアによる侵略開始前の人口で）ドイツ、フランス、イタリア、スペインに次いで欧州五番目の大国となる。現行のEUの理事会における意思決定は、（外交・安全保障分野を除いて）加盟国数の五五％、EU加盟国人口の六五％で可決されることになっており、人口の大きなウクライナはEUの意思決定に少なくない影響を与える。さらに、加盟の段階で経済状況は相当の改善が期待されているとはいえ、もともと欧州最貧国で、かつ戦禍に見舞われたウクライナの加盟は、EUの予算配分において確実に大きな再編を迫るものとなる。

ロシアによるウクライナ侵略開始以降、EUはウクライナに対して財政・軍事の両面で大規模な支援を継続し、ロシアに対しては時に厳しい内部対立を乗り越えながら、一一ラウンドにもわたる制裁を実施してきた。そして本章で述べてきたとおり、それまでは全く想定されていなかったウクライナのEU加盟問題を政治アジェンダに載せている。しかし、ロシアによる侵略開始後に俄に多方面で活性化したEU拡大に対処できる能力を、EU自身が有していないことも露呈されつつある[32]。今後ウクライナや他の加盟候補諸国の加盟を念頭に置いた内部改革をいかに強い政治意思を持って進めることができるのか、今後とも注視していく必要がある。

（1）European Union, *A Secure Europe in a Better World: European Security Strategy*, Brussels, 12 December 003. なお本稿においては、ウェブサイトのリンクは省略している。

（2）“Marin in Germany: Finland discussing security guarantees with major allies,” s YLE News, 3 May 2022. また、Finnish Government, *Government Report on Changes in the Security Environment*, 2022: 20, 13 April 2022. も参照。

（3）European Council, Joint Declaration on EU-NATO Cooperation, Press release, 10 January 2023.

（4）EU NeighboursEast, *EU support for Ukraine: from Sanctions to Military and Humanitarian Aid*, 4 August 2023.

（5）EU拡大の基本的な手続きに関しては、東野篤子「EUを取り巻く地域」森井裕一編『ヨーロッパの政治経済・入門〔新版〕』有斐閣、二〇二二年を、またロシアによるウクライナ侵略後半年のEU拡大の状況に関しては東野篤子「なぜEU拡大は進まないのか」『三田評論』（一二六八）三六―四一ページ、二〇二二年を参照。

（6）二〇〇四年に、チェコ、ポーランド、ハンガリー、スロバキア、ラトビア、リトアニア、エストニア、スロベニア、マルタ、キプロスの一〇カ国がEUに加盟した。続いて二〇〇七年にルーマニアとブルガリア、二〇一三年にクロアチアが加盟している。

（7）John O'Brennan, ‘On the Slow Train to Nowhere?’ The European Union, ‘Enlargement Fatigue’ and the Western Balkans, *European Foreign Affairs Review*, 19: 2, 2014.

（8）東野篤子「EUの東方パートナーシップ（EaP）政策の展開」『ロシア・ユーラシアの経済と社会』第一〇三四号、二〇一九年。

（9）Joint statement by the President of the Republic of Poland, the President of the Republic of Lithuania and the President of Ukraine on the Russian Federation's decision to recognise the so-called "DPR" and "LPR", 23 February 2022; "Ukraine Deserves EU Candidate Status, Polish and Lithuanian Leaders Tell Zelenskiy," RFE/RL, 23 February 2022.

（10）ルブリン・トライアングルがロシアによる侵略開始後のウクライナ支援に果たした役割としては、Cemal Ege Özkan, *The Role of the Lublin Triangle in the Russia-Ukraine War*, Ankara Center for Crisis and Policy Studies, 10 February 2023. またルブリン・トライアングルに関する邦語文献としては、東野篤子「欧州国際秩序における中・東欧諸国――地域内のダイナミズムと外部アクターとの相互作用」『国際安全保障』四八巻三号、二〇二〇年を参照。

（11）Council of the EU, "Ukraine: Declaration by the High Representative on behalf of the European Union on the decisions of the Russian Federation further undermining Ukraine's sovereignty and territorial integrity," Press release, 22 February 2022. 同様に米国大統領府も、ロシア政府によるドネツク・ルハンシク両人民共和国の独立承認は、ミンスク合意に違反し、問題を外交的に解決するとしていたロシア自身のコミットメントを覆すものであると非難した。The White House, "Fact Sheet: Executive Order to Impose Costs for President Putin's Action to Recognize So-Called Donetsk and Luhansk People's Republics," 21 February, 2022.

（12）"Russia recognizes independence of Ukraine separatist regions," dw.com, 21 February, 2022.

（13）The White House, Remarks by President Biden Announcing Response to Russian Actions in Ukraine, 22 February 2022; "Biden calls Putin's actions the 'beginning of a Russian invasion of Ukraine,'" *The New York Times*, 22 February 2022.

（14）このことは二〇二一年一二月にロシアが米国とNATOに対して提示したいわゆる「条約案」にも明確に示されていた。The Ministry of Foreign Affairs of the Russian Federation, Agreement on measures to ensure the security of The Russian Federation and member States of the North Atlantic Treaty Organization, 17 December 2021; The Ministry of Foreign Affairs of the Russian Federation, Treaty between The United States of America and the Russian Federation on Security Guarantees, 17 December 2021.

（15）『ウクライナ侵攻直後に和平合意、プーチン氏拒否で幻に＝関係筋』ロイター通信、二〇二二年九月一四日。"Putin Rejected Early Ukraine Peace Deal to Pursue 'Expanded' Annexation Goals - Reuters," *The Moscow Times*, 14 September 2022.

（16）ウクライナは二〇二二年三月に断続的に実施されたロシアとの停戦協議において「中立」と「第三国によるウクライナの安全の保証」をセットで認めるようロシアに要求しており、侵略終結を求めることと引き換えにNATO加盟希望は当面は取り下げたと見られていた。しかし侵略が長引くにつれ、ウクライナ国内ではむしろ、NATOに参加してロシアからの再度の侵略を防ぐことの重要性が意識されるようになった。同年九月二一日にプーチン大統領が東部・南部四州の「住民投票」を進める意図を明らかにしたこともウクライナにおける対ロシア警戒を強め、同国は九月三〇日にNATOへの加盟を正式に申請した。本章では紙幅の都合上、NATO加盟を巡るウクライナの立場の変容について詳細に論じることはできないが、あくまで二〇二二年二月の段階においては、ウクライナとNATOの双方にとってNATO加盟の進展は選択肢にはなりえなかったことを確認しておく。

（17）侵略開始後の二〇二二年三月中に実施された停戦協議においても、ロシア交渉団の代表であったメジンスキー大統領補佐官やペスコフ報道官らは、NATO非加盟の中立国ではあるがEU加盟国である「スウェーデンやオーストリア」等のようなあり方が、ウクライナの将来の立場の一形態として想定しうると発言していた。"Both sides in Russia-Ukraine conflict talk of compromise," Reuter, 17 March 2022.

（18）The official website of the President of the Republic of Poland, Support of Ukraine's swift candidacy to the EU, 28 February 2022.

（19）European Council, Remarks by President Charles Michel at the extraordinary debate at the European Parliament on Russian aggression against

Ukraine, 1 March 2022.

（20） O'Brennan, op.cit.

（21） 東野篤子「国際関係と政治――西バルカン諸国とEU・NATO」月村太郎編『解体後のユーゴスラヴィア』晃洋書房、二〇一七年。

（22） Directorate-General for Neighbourhood and Enlargement Negotiations, Communication from the Commission to the European Parliament, the European Council and the Council, Opinion on Ukraine's application for membership of the European Union, COM（2022）407 final, Brussels, 16 June 2022.

（23） Ukrainian World Congress, Address by President Volodymyr Zelensky, 23 June 2022; "Ukraine Becomes an Official EU Membership Candidate," *The Wall Street Journal*, 23 June 2022.

（24） "EU Launches Accession Talks with North Macedonia, Albania," Politico, July 19, 2022.

（25） "Cumhurbaşkanı Erdoğan: Önce gelin Türkiye'nin AB'de önünü açın, biz de İsveç'in önünü açalım," *Anadolu Ajansı*, 10 Temmuz 2023; "Erdoğan: Let Turkey into EU if you want Sweden to join NATO," *Politico*, 10 July 2023.

（26） NATO, "Press Statement following the Meeting between Türkiye, Sweden, and the NATO Secretary General," 10 July 2023, para. 6.

（27） "Erdoğan Agrees to Support Sweden's NATO bid," *Financial Times*, 11 July 2023.

（28） European Parliament, "MEPs Call on EU and Türkiye to Look for Alternative Ways to Cooperate," Press Releases, *AFET*, 18 July 2023.

（29） "Le processus prendrait "sans doute plusieurs décennies": Emmanuel Macron rejette l'idée d'une adhésion rapide de l'Ukraine à l'Union Européenne"," *L'Indépendant*, 9 Mai 2022.

（30） "EU Eyes 2030 Target Date for Enlargement to Ukraine, Balkans, *The Wall Street Journal*, 28 August 2023.

（31） "Ukraine Wants to Join EU within Two Years, PM says," *Politico*, 30 January 2023.

（32） Ilke Toygür and Max Bergmann, "The EU Isn't Ready for Ukraine to Join," *Foreign Policy*, 17 July 2023; "The 'Monumental Consequences' of Ukraine Joining the EU," *Financial Times*, 6 August 2023.

2　ＮＡＴＯはどう変わったのか
——新たな対露・対中戦略[1]

鶴岡路人

（つるおか　みちと）
慶應義塾大学総合政策学部准教授
専門は現代欧州政治、国際安全保障
著書に『欧州戦争としてのウクライナ侵攻』（新潮社）、『ＥＵ離脱——イギリスとヨーロッパの地殻変動』（筑摩書房）などがある。

はじめに

二〇二二年二月二四日からのロシアによるウクライナ全面侵攻を受けて、米欧の同盟であるＮＡＴＯ（北大西洋条約機構）はどう変わったのか[2]。これが本章の問いである。この戦争への欧州諸国による対応としては、対ロシア制裁や対ウクライナ支援が注目されることが多く、ＮＡＴＯ自身もウクライナへの武器供与の調整の場として重要な役割を果たしてきた。それでも、ＮＡＴＯとしてのより枢要な任務が、加盟国の安全の確保であることは変わらない。考えてみれば当然のことだろう。ロシアが脅威であれば、自らの安全保障が問われて当然であるし、それが確保できないとすれば、ウクライナ支援どころではなくなるからである。

そこで本章ではまず、欧州の安全保障における中心的枠組みであるＮＡＴＯが、今回のロシアによる戦争を受けて、「脅威」としてのロシアにいかなる戦略を立てているのかを分析する。抑止・防衛態勢の強化、なかでも特に、ＮＡＴＯ諸国をいかに防衛するのかに関する考え方の転換が焦点になる。結論を先取りすれば、「前方防衛」の重要性が強調され、ＮＡＴＯはそのための態勢構築に舵を切ることになった。

続いて、ロシアの脅威の先に存在する「挑戦」としての中国を取り上げる。今回の戦争がなければ、ＮＡＴＯにとって中国にいかに対処するかという課題は、より大きな部分を占めることになっていたはずであるし、当面はロシアへの対処に傾注せざるを得ないとしても、そのことは、中国の挑戦が弱まることを意味しないからである。加えて、今回の戦争を通じてさらに深まる中国とロシアの協力関係が、ＮＡＴＯにとっての大きな懸念になってきたという文脈も存在する。ロシアの脅威が高まるなかで、その背後に存在する中国にも目を向けなければならなくなったという構図である。

対露戦略と対中戦略の双方に関して大きな一歩を踏み出したのが、二〇二二年六月末にスペインの首都マドリードで開催の首脳会合で採択されたNATOの新たな「戦略概念（Strategic Concept）」(3)である。以下では、この内容に沿ってNATOの対露・対中戦略を分析する。そのうえで、ロシアによるウクライナ侵攻を受けたNATOによるインド太平洋関与の方向性について検討したい。

なお、二〇二二年六月のNATOによる新たな戦略概念の採択が、同年二月からのロシアによるウクライナ侵攻と重なったのは偶然である。この前の戦略概念は二〇一〇年一一月に採択されており、すでに一〇年以上が経過していた。何年ごとに改訂するかについて明文の規定はないが、冷戦後は概ね一〇年で新たなものが作成されてきた。

二〇一〇年の戦略概念は、二〇一四年のロシアによるクリミアの違法かつ一方的な併合や、中国の台頭がグローバルな課題として認識される前の世界に基づくものであり、改訂が望まれる時期に達しすでにしばらくが経過していた。しかし、二〇一七年から二〇二一年は、NATOからの離脱すら示唆するようなトランプ（Donald Trump）政権の時期であり、この間に戦略概念の改訂をおこなう意思は、同盟内では皆無であった。そのため、二〇二一年一月のバイデン（Joseph Biden）政権発足を待って作業が開始されたのである。

1　対露抑止・防衛態勢の強化(4)

（1）NATOによる加盟国防衛

今回の戦争においてNATO（諸国）は直接の交戦国ではない。そうしたなかでNATOは、加盟国の防衛とウクライナ支援の調整において極めて重要な役割を果たしているが、この二つのなかで、NATOにとってより重要なのは、冒頭で述べたように、同盟の中核任務である加盟国の防衛である。バルト三国やポーランド、ルーマニアといった、ロシアやウクライナと国境を接する諸国――NATOではこれら地域を「東方前線（Eastern flank）」と呼ぶ――を中心に、米国を筆頭とするNATO諸国の多数の部隊が展開し、万一の事態に備えている。

さらに米国は、ロシアが核兵器を使用した際には、「破滅的な結果」を招くと繰り返し警告しており、それには、ウクライナ領内のロシア軍を全滅させるような作戦が含まれているといわれている。そのために必要な戦力を前方に展開することで、警告に信憑性を持たせようとしているのである。

二〇二二年一一月にポーランド領内にミサイルが着弾し、地元住民二名が犠牲になった事故では、「第三次世界大戦になるかもしれない」という緊張が走った。実際にはウクライナが発射した迎撃ミサイルだったとされているが、もしこれがロシアのミサイルだった場合には、NATO領域への攻撃とみなされ、米国を含むNATOとロシアが直接の交戦状態になる可能性があったからである。ウクライナが繰り返しミサイル攻撃され多大な犠牲が生じても、NATOは武器の供与を続けるのみだが、仮にポーランドが攻撃されたとすれば、ロシアとの交戦、さらには第三次世界大戦が懸念されるのが現実なのである。これほどまでに同盟の「内」と「外」の差は大きい。こうしてNATOの抑止が可視化されたことは、NATOの有効性にとって、結果としてマイナスではなかったといえる。[5]

ロシアによるウクライナ全面侵攻前後からのNATOを改めて振り返れば、ロシアに対する警告と同時に、即応態勢をみせつけることで、ロシアによるNATO加盟国への攻撃を抑止してきたということだろう。なお、詳細は不明だが、以前からの計画に基づき、NATOでは加盟国防衛のための危機対応措置（crisis response measures）が発動されている。

米軍についてはウクライナに派兵しないことがバイデン政権の方針として強調されるが、NATO加盟国の防衛強化のために、危機発生後、すでに二万名以上が欧州に増派され、最高度の警戒態勢がとられている。特に、ウクライナと国境を接するとともに、ウクライナへの武器供与の中継拠点になっているポーランド東部は、世界で最も厳戒態勢の前線拠点だといってよい状況にある。

今回の戦争に関する報道で、こうしたNATO側の態勢が注目を集める機会は少ないが、加盟国の安全が守られている——つまりロシアがNATO加盟国を攻撃していない——背景には、こうした多大な努力がある。NATOとしての対露抑止である。バイデン政権は、ウクライナへの派兵を否定しつつも、NATO加盟国には「一インチたりとも手を出させない」[6]と繰り返しており、それについてはまさに有言実行だといえる。

（2）戦略概念における認識の変化

二〇二二年六月に採択された新たな戦略概念（以下、「二〇二二年戦略概念」）は、ロシアを「最も重大かつ直接の脅威（the most significant and direct threat）（第八パラグラフ）」と位置づけた。NATO加盟国への攻撃はなされていないとはいえ、NATO加盟国の隣国を全面侵攻しているため、当然の認識である。そして、より具体的に、「強要、転覆、侵略、併合などの直接的手段で勢力圏をつくろうとしている（同）」として強い警戒心を示した。

なお、二〇一〇年戦略概念は、ロシアとの「真の戦略的パートナーシップを目指す（三三パラ）」[7]としていた。「目指す」である以上、当時もそれに到達していないということではあったが、ロシアをパートナーとして扱うことは、NATOとしての既定路線であった。

欧州の戦略環境全般について二〇二二年戦略概念は、「欧州大西洋地域は平和ではない（六パラ）」とし、「同盟国の主権と領土の一体性への攻撃を排除することはできない（同）」と述べている。これらは、「欧州大西洋地域は平和であり、NATO領土への通常戦力による攻撃の脅威は低い。これは歴史的成功だ（七パラ）」と謳った二〇一〇年戦略概念の記述と好対照をなしている。欧州の戦略環境が大きく悪化し、NATOとし

表1　2010年と2022年の戦略概念の比較

	2010年戦略概念	2022年戦略概念
全体情勢認識	「欧州大西洋地域は平和であり、NATO領土への通常戦力による攻撃の脅威は低い。これは歴史的成功である」	「欧州大西洋地域は平和ではない。ロシアは安定的で予測可能な欧州安全保障秩序を支える規範と原則を破った。同盟国の主権と領土の一体性への攻撃を排除することはできない」
ロシアとの関係	「NATO・ロシア協力は平和・安定・安全のための共通の空間に貢献するために戦略的に重要。NATOはロシアに脅威をおよぼさない。逆に我々はNATOとロシアの間の真の戦略的パートナーシップを目指す。我々はそのように行動するため、ロシアにも相互主義を期待する」 「NATO・ロシア関係は、NATO・ロシア基本議定書の目的、原則、約束にもとづく」 「共有の利益となるミサイル防衛、テロ対策、麻薬対策、海賊対策、その他国際安全保障の促進という共通の利益を有する領域で、ロシアとの間の政治協議と実務協力を強化する」	「ロシアは同盟国の安全と欧州大西洋地域の平和と安定に対する最も重大かつ直接の脅威である。強要、転覆、侵略、併合などの直接的手段で勢力圏をつくろうとしている」 「ロシアを我々のパートナーと考えることはできない」 (NATO・ロシア基本議定書への言及は一切なし)

(出典)　筆者作成

ての情勢認識もそれによって変化したのである。要点は上述のとおりだが、二つの戦略概念の主な相違点をより詳しくまとめたのが上の表1である。

(3)　それでも残る躊躇と過去の対応への反省

もっとも、こうした変化は二〇二二年二月のロシアによるウクライナ侵攻によって一夜にして生じたものではない。二〇一四年のクリミアの違法かつ一方的な併合とドンバス地域への介入を受け、NATOは対露抑止・防衛態勢の強化に段階的に舵を切りつつあった。

それには、二〇一四年九月の英国ウェールズでのNATO首脳会合における「即応性行動計画(Readiness Action Plan：RAP)」や、二〇一六年七月のワルシャワNATO首脳会合で合意された「強化された前方プレゼンス(enhanced Forward Presence：eFP)」によるバルト三国およびポーランドへの大隊(battalion)規模のNATO部隊のローテーション展開などが含まれる。そうしたプロセスのいわば到達点が二〇二二年戦略概念であった。

変化が遅すぎたとの批判は同盟内にも当然存在する。NATOの対応が極めて慎重だったことは否定できない。例えば、一九九七年五月に署名されたNATO・ロシア基本議定書(Founding Act)の扱いである(8)。ここでは文書の詳細には立ち入らないが、NATO拡大に反対するロシアへの配慮から、新規加盟国の防衛を「実質的な戦闘部隊の追加的常駐」ではなく増派などによって確保するとした内容が含まれる。そうした方針は、一九九七年当時は妥当だったとしても、その後、クリミアの違法かつ一方的なクリミアの併合など、ロシアの行動が変化するなかで、文書の内容を維持すべきか否かが問われてきた。上記eFPにおけるNATO部隊の展開が「ローテーション」とされるのも、「常駐」に制限を加えているこの基本議定書の存在が最大の理由である。

そして二〇二二年六月のマドリード首脳会合でも翌二三年七月のヴィリニュス首脳会合でも、同文書は破棄されなかった。ただし、戦略概念においても首脳会合宣言文書においても、NATO・ロシア基本議定書への言及は一切なかった。当然のことながら、これは偶然ではないし、言及し忘れたわけでもない。文書破棄のコンセンサスは存在しなかったものの、文書がまるで存在していないかのように「無視した」ということであり、いまだに有効であると明言するのを慎重に避けたものと考えられる[9]。

このことは、NATO(諸国)の対露姿勢を理解するうえで、極めて示唆的である。ロシアを「最も重大かつ直接の脅威」としつつ、軍事面でのロシアとの本格的な対峙に突き進むことには、NATO内で依然として躊躇があるということである。

これも当然ではないか。冷戦時代のようなロシア(ソ連)との対峙の態勢を再び整備するには莫大な費用がかかる。そうしたことが必要になる事態を避けようとするのは政治の姿勢としても自然だったはずである。しかし、NATO側による二〇一四年以降の、そうしたいわば煮え切らない姿勢が、二〇二二年二月の全面侵攻を招く一因になってしまったことも事実かもしれない。

エストニアのカラス(Kaja Kallas)首相は、「クリミア、ドンバス、ジョージアのような失敗を繰り返さないことが重要だ[10]」と指摘する。同様に、同国のレインサル(Urmas Reinsalu)外相はクリミアに言及し、「前回は軽すぎる対応だった」とし、「侵略者に誤ったシグナルを送ってしまった[11]」と述べている。欧州の当事者から、ロシアへの過去の甘い対応への批判や反省の弁が聞こえ始めているのは興味深い。ただし、米欧諸国などによる過去の対応と今回の戦争の因果関係を特定するには、今後詳細な検証が必要になるだろう。

(4) 「前方防衛」に舵を切るNATO

いずれにしても、二〇二二年二月以降のロシアによる侵略行為は、NATO側の想定を大きく超えるものだったといってよい。そのため、NATOとしてもそれまで以上の大規模な変化を迫られることになった。

ロシアによるウクライナ侵攻を受けて、二〇二二年六月のマドリード首脳会合(戦略概念、および首脳宣言)が打ち出した最大の決定は、「前方防衛(forward defence)」への転換だった。ロシアと国境を接するバルト諸国では、「ウクライナの次の標的は自分達かもしれない」との懸念が高まっていた。しかし、バルト諸国は、ロシアとバルト海に挟まれ、限られた地理的広がりしかない。仮にロシアが地上侵攻した場合、防衛するにも国土が狭すぎるのである。

NATOの防衛計画は秘密文書であり、具体的内容は不明だが、バルト諸国については、一度撤退した後に再上陸・解放を目指すという計画だったようである。最善ではなくても、現実問題として防衛し切れないとすれば、やむを得ないものだったのだろう。一八〇日かけて奪還を試みる想定だったともいわれる[12]。

しかし、首都キーウ近郊のブチャでの大量殺戮など、ウクライナでの戦争で明らかになったことは、ロシア軍占領地域における殺戮・破壊の凄惨さだった。多くのウクライナ人がロシアに強制的に連行されているとも指摘され、その全体像は不明だが、一〇〇万人を超えるともいわれる[13]。そのため、たとえ一時的ではあっても、ロシア軍の占領を許すわけにはいかないとの考え方が同盟内で強まることになった。例えばエストニアの人口が約一三〇万人であることを考えれば、一時期でもロシアによる占領を許してしまえば、国家・国民が消滅してしまうという危機感はリアルである[14]。

そうしたなかで、NATOは前方防衛への転換を決定した。戦略概念は、「一インチ残らずすべての領土を守る（二〇パラ）」と宣言した。しかもこれは、同盟としての中核任務の冒頭、さらに「抑止と防衛」というセクションの第一文である[15]。一時的にでも占領を認めないという強い意思表示だと解釈できる。

詳細が公表されることはないが、こうした前方防衛に関する基本方針は、今後、実際の防衛計画に反映されていくことになる。バルト諸国の防衛に関しては、バルト海の対岸に位置するフィンランドとスウェーデンのNATO加盟が大きな支えになる（二〇二三年一一月時点で、フィンランドの加盟が実現し、スウェーデンも実現の見通しである）。バルト海地域でNATOが作戦を実施する際に、フィンランド軍やスウェーデン軍の支援を受けるのみならず、両国の領域をいままで以上に使うことができることの利点は大きい。北欧二カ国のNATO加盟をバルト諸国が最も強く歓迎したゆえんである[16]。

ただし、NATOがあくまでも防衛同盟であり、ロシアの領内に侵攻することが政治的現実としても作戦計画上も考えられない以上、ロシアが地上侵攻してきた場合の戦場が、実際問題としてNATO加盟国領内になることは否定できない。このことと、「一インチ残らず」というコミットメントを守ることとの間には、どうしても齟齬が生じてしまう。この点には留意が必要だ。それを踏まえれば、必要な装備品などの配置・貯蔵に関しても、あまりにロシア国境近くであれば、脆弱過ぎることになる。

そのうえで、あるいはだからこそ、やはり重要になるのは抑止である。ウクライナにおける戦闘での破壊や殺戮をみるまでもなく、戦闘による撃退よりは、攻撃自体を抑止する方が望ましいことは自明である。抑止がNATOの主眼であることに変化はない。何よりも抑止が重要であることは、今回の戦争の重要な教訓でもあろう。抑止のためにも、それが崩れたときの防衛態勢の構築、そしてその姿を平時においても「みせる」ことが求められる。それこそが抑止なのである。

2 対中国の態勢づくり

(1)「体制上の挑戦」としての中国

NATOは欧州大西洋地域の同盟である。アフガニスタンで国際治安支援部隊(ISAF)の指揮をした経験はあるものの、やはり欧州大西洋地域の安全保障のための地域的枠組みである。しかも、二〇二二年二月以降は、ロシアによるウクライナ侵攻への対処に追われている。「中国どころではない」という思いが欧州に存在したとしても、不思議ではない。どれだけグローバル化が指摘されても、課題の優先順位は、やはり地理的な近さに影響される。

この観点では、二〇二二年戦略概念が中国についてかなり踏み込んで言及し、マドリード首脳会合に、NATOが「AP4」と呼ぶ、アジア(インド)太平洋の四つのパートナー諸国、つまり、日本、豪州、韓国、ニュージーランドの首脳が招待されたことは注目に値する。NATOとしては、ロシアによるウクライナ侵攻を受けても、グローバルな安全保障上の問題に関与し続ける意思と能力を有することを示し、なかでも特にインド太平洋地域は重要であるとのメッセージを出したことになる。

もっとも、ウクライナ侵攻がなければ、戦略概念に関して中国への言及がより注目されたであろうことは想像に難くない。メディアでの注目度は下がってしまったかもしれないが、実際の文書における中国の扱いは内容の濃いものだった。具体的にみていこう。

まず、「中華人民共和国によって示された野心や強要的政策は我々の利益、安全保障、価値に挑戦している(一三パラ)」と述べ、続けて、中国は「自らの戦略や意図、軍備拡張については秘密を維持しながら、広範な政治的、経済的、軍事的ツールを使い、グローバルな存在感を高め、パワーを投影している(同)」と、警戒感を示す。そのうえで、サイバー、ハイブリッド、ディスインフォメーション(偽情報の意図的な流布)などを挙げ、技術や重要インフラ、戦略物資、サプライチェーンの支配、さらにはロシアとの関係の深まりに懸念を表明している。

直接的な軍事的懸念というよりは、文章からは、中国がNATOにとって異質で不気味な存在であるような印象が強く滲み出ている。なお、文中では中国のことを「PRC」と表現している。「中国(China)」ではなく「PRC(People's Republic of China)」が明確な意図をもって使われているかは不明だが、英語では、北朝鮮を「DPRK」、中国共産党を「CCP」と呼ぶときなど、対象を無機質なものとして突き放すような意図が(意識的にでも無意識的にでも)込められることがある。

なお、中国との「建設的関与(一四パラ)」の可能性にも触れているものの、中国による「欧州大西洋の安全保障への体制上の挑戦に対処し、同盟国の防衛と安全保障を保証するNATOの能力を確保（同）」すると述べ、NATOとして、「我々の共有する価値と航行の自由を含むルールに基づく国際秩序のために立ち上がる（同）」と宣言している。

また、中国は「透明性の向上や軍備管理、リスク低減への関与なしに核兵器を急速に増強し、より洗練された運搬システムの開発を進めている（一八パラ）」として、中国の核戦力への懸念も示した。この言及は重要であり、後にまた触れることにしよう。

二〇二二年戦略概念で最も重点が置かれているのは、やはり対露抑止・防衛態勢の強化であり、上述のように前方防衛への転換こそが目玉なのだが、中国関連箇所も、詳細にみていくと、かなり踏み込んでいることがわかる。

（2）欧州における対中懸念の高まりとNATO

ただし、中国に関する認識や同国の位置づけを戦略文書で記載することと、同盟としてのNATOが実際に中国に関して何かをおこなうことは、やはり別問題でもある。[17] この点には注意が必要だ。というのも、NATOは、少なくとも現段階において、中国に関して何らかの具体的行動をとる用意があるようにはみえないからである。

それでも、NATOという場において、中国に関する議論が当然のようにおこなわれるようになったこと自体が、まずは大きな変化だといえる。それだけ「中国問題」がグローバルになったということでもある。

このようなNATOの変化の背後には、二〇一〇年代半ば以降に、ドイツを含む欧州各国で急速に悪化した対中認識が存在する。まずは経済・技術面で競争相手として認識されると同時に、中国企業による欧州企業の合併・買収を通じた技術流出への警戒が高まった。

その後、自由や人権といった価値の問題に関して、中国への反発や警戒感が高まることになった。EU（欧州連合）や英国は、米国やカナダと一緒に、二〇二一年三月には新疆ウイグルでの人権抑圧、強制労働に関して人権制裁を発動したし、香港における自由の侵食にも米欧は声をあげ続けてきた。関連して、欧州では台湾への関心が急速に高まっている。半導体産業における台湾の重要性も注目されているが、それ以上に、中国の共産主義や人権抑圧と台湾の自由・民主主義を対置させ、後者への連帯の表明という側面も強い。欧州の政治家による台湾訪問の頻度も上昇している。欧州による、いわゆる価値外交、人権外交の文脈である。[18]

二〇二二年戦略概念の中国に関する文言も、まさにそうした背景があってはじめて成立するものであると同時に、二〇一九年頃からNATOにおいて本格的にはじまった中国に関する議論の積み重ねの結果である。

加えて、ロシアによるウクライナ侵攻を受けた欧州内の議論の展開も興味深い。一方で、ウクライナであのような殺戮・破壊行為を続けるロシアを批判しないどころか、さまざまな支援をおこなっている中国に対する批判が、欧州諸国でも強まったことは事実である。他方で、ロシアの行為に比べれば、中国の行為はまだ「マシ」であるとの感覚が存在することも否定できない。EUのボレル（Josep Borrell）外交・安全保障政策上級代表は、中国によるロシアに対する武器供与の可能性を念頭に、「中国はまだ我々にとってのレッドラインを超えていない」[19]と述べている。さらに、ロシアに対するはたらきかけを含め、和平のための仲介を中国に期待するという文脈も存在する。

欧州において、中露関係の深化を踏まえ、両国を一体的なものとして権威主義国家による挑戦の激化と捉える見方が主流になるか、あるいは、中露は異なるという理解が優勢になるかは、今後の重要な注目点になる。

(3) インド太平洋時代のなかで

NATOがインド太平洋地域において実際に何をおこなうかについては、まだ不明確な部分も多い。NATO側からは「アジア側は何を期待しているのか？」という声がよく聞かれるが、インド太平洋への関与がNATO（および加盟国）の戦略的利益なのだとすれば、「要望に応える（demand-driven）」姿勢ではなく、自ら何を実現したいかを定めることが求められるはずだろう。

NATO（特に欧州の加盟国）としては、同盟の盟主である米国のインド太平洋シフトが、ロシア・ウクライナ戦争が継続するなかでも進む以上、対中国における米国、および日米同盟や米豪同盟などの役割を正しく把握し、地域で何が起きているのかという、状況認識能力の向上がまず求められる。戦略概念も、「我々は共通の状況認識能力を強化し、レジリエンスと準備を高め、中国の強要的戦術や同盟を分断しようという試みに対抗する（一四パラ）」と述べている。これはなかなか強い文言である。

そのうえで、より具体的なインド太平洋関与について、サイバー分野などは日本との関係でもすでに実績があるが、艦艇や航空機といった軍事アセットの展開という意味では、前面に出るのはNATOではなく、加盟各国である。それでも、日本を含めたインド太平洋の観点で重要なのは、NATOが米国の同盟だという事実だ。当たり前のことではあるが、NATO加盟国はすべて米国の同盟国である。

インド太平洋地域で米国は、日本の他、韓国や豪州と同盟関係にある。そこで欧州に所在する米国の同盟国が同地域に関与するのであれば、米国の既存の同盟網との連携が自然な出発点になる。相互運用性などの軍事的観点では、欧州のNATO加盟国が、日米や米豪などの枠組みに、「プラグイン」するという発想である[20]。

実際、二〇二一年にインド太平洋に展開した英海軍の最新鋭空母「クイーン・エリザベス」を中心とする空母打撃群は、空母艦載機を含めて英米合同だったことに加え、オランダ海軍のフリゲート艦も参加していた。そして、日本や豪州、韓国といったインド太平洋の米国の同盟国と共同訓練・演習を繰り返したのである。

また、英海軍に加え、フランス海軍やドイツ海軍がインド太平洋に展開する際にも、シンガポールやグアム、横須賀などを拠点に、米海軍が手厚い支援をおこなっている。補給や整備、乗員の休息などを目的とする欧州諸国艦艇によるグアムの米海軍基地寄港は常態化している。こうしたネットワークは、運用上の必要性をもとに現場においてすでにできあがりつつあり、日本も参画している。今後は、運用上の必要という技術的な部分を超えて、いかに戦略的に発展させられるかが問われることになる。

(4) 対中抑止におけるNATO

NATOの目的は繰り返すまでもなく、加盟国の防衛である。ただし、集団防衛を規定する北大西洋条約第五条の地理的適用範囲は、第六条で欧州ないし北米の条約国領土や北回帰線以北の北大西洋地域の加盟国領の諸島などと規定されている。米国に関してこれに含まれるのは、アラスカを含む米本土西海岸までだと通常は理解されている。つまり、ハワイやグアムはNATOの集団防衛の適用外である。

こうした規定が置かれた背景には、北大西洋条約の交渉段階で、米国が英仏など欧州諸国が有する植民地における独立戦争に巻き込まれるのを嫌ったという事情がある。結果としては、例えば英国が米国のヴェトナム戦争に参戦するのを拒否する論拠の一つになるなど、当初の想定とは異なる結果をもたらした[21]。何とも皮肉である。

NATOの集団防衛がインド太平洋地域におよばないこと、特にハワイやグアムが集団防衛の適用外であることが、現実の問題になるような事態はこれまで発生していない。それでも、中国においては、ハワイやグアムで第五条が適用されるか否かが話題にされることが少なくない。

ただし、第五条の地理的範囲は、NATOとして対応する脅威が「どこからか来るか」を限定するものではない。どこからの脅威であっても、加盟国への脅威であれば同盟として対処するほかない。それゆえ、二〇〇一年九月一一日の米国に対する同時テロ事件を受けて、第五条が発動されたのである[22]。

そこで問われるのが、NATOの抑止・防衛態勢において中国をいかに位置付けるかである。端的にいえば、NATOの核抑止の対象はロシアだけなのかという問題だ。

中国は、NATO諸国を射程に収める大陸間弾道ミサイル(ICBM)などの核戦力を増強している。もちろん、主たる標的は米国だと考えられるものの、欧州のほとんどの地域は、米国東海岸よりも地理的には中国から近い。また、英国やフランスといった独自の核兵器を運用する欧州諸国は、ロシア以外の標的を従来から視野に入れてきたはずであり、潜水艦発射弾道ミサイル(SLBM)を搭載した原子力潜水艦が、中国を射程に収めるインド洋に展開することもあるとみられる。また、英国のキャメロン(David Cameron)首相(当時)は、核兵器を保有し続ける理由の一つに、北朝鮮の核兵器開発を挙げたこともある[23]。

そうである以上、NATOが核抑止において中国を視野に入れることは、荒唐無稽な議論ではまったくない。さらに、二〇二二年戦略概念は、先述のとおり、中国の核戦力増強にも懸念を示しているのである。「核同盟」であるNATOが中国の核戦力増強を懸念するのであれば、当然、単に懸念を言葉で表明するのみならず、何らかの対処をすべきということになる。ただし、NATO内ではまだこの点について、具体的な検討がおこなわれる段階ではないようである。

ストルテンベルグ（Jens Stoltenberg）NATO事務総長は、二〇二三年二月の東京での講演のなかで、「NATOの役割はあらゆる潜在的な敵対国を抑止することだ。NATOの抑止にあて先は書かれていない。どこから来るかを問わずNATOの同盟国への攻撃に対する抑止である。したがってそれはすべての潜在的敵対国へのメッセージである」と述べたうえで、「そしてロシアと中国が接近している。中国は先端的な軍事能力に大きな投資をしており、それはNATO諸国にとっての挑戦になっている」とも指摘した[24]。

従来の発信ラインから特に踏み出しているわけではないが、対中抑止の可能性を否定しなかったことは興味深い。欧州においてロシアと対峙するなかで、その背後に存在する中国への懸念が高まったことは事実であるし、中国による核戦力の増強は、NATOとしても今後さらに無視できなくなる可能性が高い。

さらに、今回の戦争がどのような形で終結するとしても、陸軍戦力を中心に、通常戦力が大きな打撃を受けたロシアは、核兵器への依存をさらに深める可能性がある。そうしたときに、中国がいかなる役割を果たすことになるかも、NATOとしては注視せざるを得ないだろう。

おわりに

NATO戦略概念が中国に関する懸念を高め、さらにはロシアと中国の連携強化に懸念を示す一方で、日本の岸田文雄首相は、「（今日の）ウクライナは明日の東アジアかもしれない」[25]と警戒する。NATOはロシアのみ、日本は中国のみに対処すればよいという単純な世界ではなくなった。これは、NATOにとっても日本にとっても、居心地のよいものではないかもしれないが、新たな現実なのである。

米国のいう「統合抑止（integrated deterrence）」の全貌はまだわかりにくい部分があるが、同盟国をいままで以上に取り込んで抑止態勢を構築していくのが大きな柱の一つであることは明らかである[26]。これは、先に述べたNATOによる対中抑止の可能性ともつながる議論であろう。

そしてもし、NATOの抑止態勢において中国が対象になるのであれば、日米同盟における対中抑止とどのような相互補完関係があり得るかを真剣に検討する必要が出てくるだろう。加えて、その際には、日米同盟が対中抑止のみならず対露抑止でいかなる役割を果たし、NATOによる対露抑止といかなる関係にあるかについてもアジェンダになる。これも、ロシアによるウクライナ侵攻がもたらした新たな世界の一側面である。

　本章でみてきたように、NATOの二〇二二年戦略概念は、ロシアによるウクライナ侵攻という欧州安全保障秩序の転換点に出されたものであり、対露抑止・防衛態勢の強化が柱であることに疑問の余地はない。「前方防衛」への転換を実現していくことは、NATOにとって大きな課題になる。短期で実現するものではなく、中長期的なコミットメントが求められる。

　しかし同時に、NATOがその先に存在する挑戦としての中国を捉えていることも特徴である。今後は、これを基礎にNATOとして、ロシアと中国の両方を見据えた具体的な対応をいかに作り出していけるかが問われる。その過程では、ロシアによるウクライナ侵攻の行方に加えて、その背後に存在するロシアと中国の間の協力関係の推移も大きな要素になる。ロシアによるウクライナ侵攻によるNATOへの影響は、欧州にとどまらないのである。

（1）　本稿は、鶴岡路人「二〇二二年戦略概念にみるNATOの対露・対中戦略」日本国際問題研究所編『戦禍のヨーロッパ――日欧関係はどうあるべきか』（日本国際問題研究所、二〇二三年三月）をもとに加筆・修正したものである。

（2）　今回のロシアによる戦争の呼称について、ここでは深入りしないが、ウクライナの観点では、ロシアによる侵攻は二〇一四年から継続しており、二〇二二年二月からのものは、従来からの継続である。小泉悠は、「第二次ロシア・ウクライナ戦争」との呼称を使っている。同『ウクライナ戦争』（ちくま新書、二〇二二年）。日本政府は、開戦当初こそ用語法が揺れたものの、その後は「ロシアによるウクライナ侵略」で統一している。これらの点については、鶴岡路人『欧州戦争としてのウクライナ侵攻』（新潮選書、二〇二三年）、七二―七四、二六八（注五三）頁参照。

（3）　NATO, *Strategic Concept 2022*, adopted by the heads of state and government meeting at the North Atlantic Council in Madrid, 29 June 2022.（以下、本文中ではパラグラフ番号で引用。）

（4）　本節および次節の記述の一部は、鶴岡路人「NATO『新戦略概念』とインド太平洋」『外交』第七七号（二〇二三年一―二月号）をもとに、大幅に加筆修正したものである。

（5）　同盟の可視化については、鶴岡路人「欧州安全保障体制の変容――NATOによる抑止の可視化と『ロシア問題』」『安全保障研究』第五・一巻（二〇二三年三月）を参照。

（6）　White House, "Statement from President Biden on the Extraordinary NATO Summit," 24 March 2022.

（7）　NATO, *Strategic Concept 2010*, adopted by heads of state and government meeting at the NATO summit in Lisbon, 19-20 November 2010.（以下、本文中ではパラグラフ番号で引用。）

（8）　NATO, "Founding Act on Mutual Relations, Cooperation and Security between NATO and the Russian Federation," Paris, 27 May 1997.

（9）　詳しくは、鶴岡路人「NATO・ロシア議定書の亡霊――三つの論点」コメンタリー（日本国際フォーラム、二〇二二年八月一日）を参照。

（10）　"The AP Interview: Estonian PM says Russia not weary of war," *AP*, 24 June 2022.

（11）　"'Never underestimate the Russians': Lessons from NATO's frontier," *Newsweek*, 4 March 2022.

（12）　"Estonia's PM says country would be 'wiped from map' under existing Nato plans," *Financial Times*, 23 June 2022.

（13）　State Department, "Russia's 'Filtration' Operations, Forced Disappearances, and Mass Deportations of Ukrainian Citizens," Press Statement by

Antony Blinken, Secretary of State, 13 July 2022.

(14) "Estonia's PM says country would be 'wiped from map' under existing Nato plans."

(15) 「NATOは防衛的な同盟であるが、一インチ残らず同盟国の全ての領土を防衛し、全ての同盟国の主権と領土的一体性を守り、いかなる侵略者にも勝利する我々の強さと決意に誰も疑問を挟むべきではない」と、極めて強い調子で書かれている。NATO, *Strategic Concept 2022*, para. 20.

(16) "Baltic states hail Finland and Sweden's expected Nato accession," *Financial Times*, 13 May 2022.

(17) Meia Nouwens, "What next for NATO and China?" Analysis, IISS, 18 June 2021; Meia Nouwens, "NATO and China: Addressing new challenges," *Policy Brief*, 04/2022, Centre for Security, Diplomacy and Strategy (CSDS), Brussels School of Governance, 9 March 2022.

(18) 鶴岡路人「欧州、対中関係における価値の模索」『Voice』(二〇二三年三月号)参照。

(19) "China has not crossed any red lines for us yet, EU's top diplomat says," *EURACTIV*, 25 March 2023.

(20) この点については、鶴岡路人「日本とNATO――米国の同盟国を結ぶ新たな可能性」nippon. com(二〇二三年七月一三日)参照。

(21) Veronica Kitchen, "NATO's Out of Area Norm from Suez to Afghanistan," *Journal of Transatlantic Studies*, Vol. 8, No. 2 (2010).

(22) Philip Gordon, "NATO after 11 September," *Survival*, Vol. 43, No. 4 (2001)、鶴岡路人「欧州における同盟、集団防衛、集団的自衛権――新たな脅威へのNATO、EUによる対応」『国際安全保障』第四四巻第一号(二〇一六年六月)。

(23) David Cameron, "We need a nuclear deterrent more than ever," *The Telegraph*, 3 April 2013.

(24) NATO, "Speech by NATO Secretary General Jens Stoltenberg at Keio University," Tokyo, 1 February 2023.

(25) 首相官邸「シャングリラ・ダイアローグ(アジア安全保障会議)における岸田総理基調講演」(二〇二二年六月一〇日)。

(26) White House, *National Security Strategy*, October 2022, p. 22.

3 ウクライナ「難民」危機とEU
——難民保護のための国際協力は変わるのか?[1]

岡部みどり

（おかべ　みどり）
上智大学法学部国際関係法学科教授
専門は国際政治、人の移動研究、地域統合（EU）研究
著書に『世界変動と脱EU／超EU——ポスト・コロナ、米中覇権競争下の国際関係』（日本経済評論社）、「内なる危機?——国境管理の国際協力とリベラル国際秩序」納家政嗣・上智大学国際関係研究所編『自由主義的国際秩序は崩壊するか——危機の原因と再生の条件』（勁草書房）、「コロナ禍と初動期のEU国境管理——EU市民権と連帯の行方に焦点を当てて」植田隆子編『新型コロナ危機と欧州：EU・加盟10カ国と英国の対応』（文眞堂）などがある。

はじめに

ロシアによる最初のウクライナ攻撃の前夜、二〇二二年二月下旬には、既に多くのウクライナ人が国外脱出を試みていた。欧州連合庇護エージェンシー（EUAA）によれば、同年二月二一日から二四日のたった三日間におけるウクライナから欧州連合（以下EU）加盟国への庇護申請件数は、合計で二万一七〇〇件に上った[2]。これは、前年のウクライナからEUへの庇護申請件数の総数とほぼ同じである。実際、この時期は西側の隣国に逃れる人々で溢れかえり、マス・メディアがウクライナ人の「大脱出（exodus）」と報じるほどであった[3]。EUは同年三月四日に「一時的保護指令（Council Directive 2001/55/EC of 20 July 2001）」を発動し、これに対応した[4]。国連高等難民弁務官事務所（UNHCR）によると、二〇二二年一二月現在、七八六万三三三九人がウクライナから国外の全世界に避難している[5]。このうち、六割強の四八六万二五六一人が欧州諸国への避難者数となっている[6]。

ウクライナ避難民への欧州、そして世界の積極的な受け入れ態勢をみたUNHCRは、これを、一般的な難民問題への世界の注目を集める好機と捉えた。同年二月二八日、フィリッポ・グランディ国連高等難民弁務官は安全保障理事会で演説し、欧州その他の国々からの保護を求めるウクライナ人への早急の対応が必要だと訴えながらも、同時に「アフガン人、シリア人、エチオピア人、ミャンマーのロヒンギャなどが未だ苦しんでいることを忘れないでほしい」と付け加えた[7]。また、国内外の世論の一部は、ウクライナ人避難民への対応が独特である点を、他の難民問題への差別の問題として提起した。例えば、ポーランドやハンガリーは、二〇一五年のシリア難民危機の折にはE

Uレベルで要請されたシリア難民の受け入れ分担への協力を頑なに拒んだのにもかかわらず、今回は即座にウクライナ人の受け入れに踏み切り、前述の一時的保護指令の発動を目的とするEU司法・内務閣僚理事会（加盟国大臣級会合）での決議にも合意した[8]。マスメディアは、この極端な対応の違いを、白人でキリスト教文化圏に属するウクライナ人に対する差別的優遇であると批判した[9]。また、東欧社会との摩擦が比較的小さいであろうウクライナ人を受け入れることで難民条約締約国としての体面を保ち、過去の行動に対する国際社会からの批判を免れようとしているとする指摘もあった[10]。はたして、ポーランドやハンガリーの対応は本当に差別的な意図に基づくものであったのか。その因果関係の究明にはいましばらくの時間を要する。しかし、これらの批判は、難民問題が世界規模で深刻化するなか、その解決のための国際協力体制が遅々として発展しない現状を憂いた、優れて人道的、道徳的な警鐘であると評価することはできるだろう。

他方で、特に日本国内においては、今般、ウクライナの難民危機をきっかけに、EUや世界各国が、いわゆる難民条約の第一条にある難民の定義を今後拡大解釈していく傾向にあるかのように評価し、これを歓迎する動きさえある[11]。しかし、そのような評価は控えめに言っても時期尚早であり、より率直に言えば極めてミスリーディングである[12]。今回のウクライナ危機は確かにEUの難民政策を変えることになるだろうが、それは寛大な難民受け入れ体制への変化とはならないだろう。

むしろ、起こるのは認識上の変化であろう。ウクライナ避難民へのEU加盟国の対応は、難民受け入れ、という国家の行為が本来的に現実の国際政治に即したものであることを、世界に改めて喚起するものであった。つまり、国家の難民政策は、UNHCRが主導する難民保護のための国際レジームに国家が従っていくプロセスでも、平時における出入国管理政策の技術的な改善プロセスでもなく、本質的には極めてハイ・ポリティカルな次元で展開される外交プロセスなのだ。第二次世界大戦後の国際社会は、国連（関連機関）の主導の下、国際法を基礎に置く難民保護体制を確かに形成し、発展させてきた。しかし、そのような国際制度化の進展は国家の行動を完全に規定するには至らず、今回のような有事の際には、難民受け入れの是非（や多寡）は受け入れ国の国益追求の観点から判断されることが明らかになった。このように、難民受け入れは一義的には国家の排他的な外交的実践である以上、その了解を踏まえて国際協力のあり方を問い直すことの重要性がここに提起されるのである。

以上に基づき、本章では、ウクライナ避難民の受け入れにあたり、旧ユーゴスラビア紛争を受けて制定され、その後（シリア難民危機のときでさえ）一度も適用されたことのない「一時的保護指令（前述）」がこの期に及んで発動されたことの意義を改めて問う。そして、EU加盟国間の協働体制として発展してきた「共通欧州庇護体系（Common European Asylum System）」や、とりわけその中核的な制度である庇護審査の責任国を認定する制度体系である「ダブリン体系」が機能不全に陥っている理由を、難民保護をめぐる国際関係の現実的側面に照らして検討する。そのうえで、EUの難民政策がいかに変わるのか諸々の展望を示し、日本外交及び日本の難民政策に与える影響について若干触れることで本章を締め括りたい。

1 ウクライナ難民危機の評価――外交実践としての難民受け入れ

前述のとおり、ウクライナ避難民へのEU加盟国の対応は、難民受け入れを国家安全保障の問題と捉えた外交実践として理解できる。それは、EUが危機への対応策として、即座に一時的保護指令を選択したことから明らかである。ウクライナは、二〇二二年以前も政情が不安定な状況にあり、難民条約が規定するところのいわゆる「条約難民」資格を求める、EU加盟国に対する一定の庇護申請があった。二〇一四年にロシアがクリミアを併合した直後、その件数は前年の一四倍以上に膨れあがったが、二〇一五年をピークに激減し、そのまま逓減傾向にあった(グラフ1)。

また、表1は、ウクライナからEU加盟国(二〇二〇年以降は英国を除く二七ヵ国)に提出された庇護申請が許可された件数を表したものである[13]。ここで注意を要するのは、庇護が申請される年と、申請が許可される、即ち難民が認定される年との間にはタイムラグがあるということである。通常、申請された案件が審査され、難民認定の判断に至るまでは半年から数年かかると言われており、申請者個人の属性、また審査国によって審査期間に多少のばらつきがある。しかしながら、おおよその傾向として、認定率は申請件数の一割前後であると推し量ることができるだろう。

これに対して、二〇二二年三月にEUが一時的保護指令を発動した段階においては、一二四万七八六五人がEU二七ヵ国への入国及び滞在を認められた。その後、避難民の人数は逓増傾向にある(グラフ2)。マス・メディアの報道などにおいては、この人々が「難民」と呼ばれているため混同されがちだが、彼らは難民条約の第一条に定義されるところの難民(いわゆる「条約難民」)ではない。そして、この時期、条約難民の資格を求めるウクライナからの庇護申請は別途、審査プロセスの途上にある(二〇二二年三月の申請件数は一万三四八五件)。

一時的保護指令の対象となる「難民」と庇護申請の結果認定される「条約難民」にはどのような違いがあるだろうか。主たる違いは、前者は更新こそ可能だが一定期間の滞在しか認められていないのに対して、後者は出身国の政治体制が大きく改善されたり、それを受けて当人が出身国への帰国を希望したりといったことがない限り、原則として一生涯、移住先に暮らすことができるということである。この対応の違いは、「条約難民」は個人の特性のために本国政府(統治者)から迫害を受け、そこから逃れてきた人であるのに対して、一時的保護の対象となる「難民」は戦争、内戦、紛争などからの避難民であるためである。今回、最も多くのウクライナ避難民を受け入れているポーランドでは、市民のウクライナ避難民への態度は好意的であ

グラフ1　EU（2020年以降27カ国）へのウクライナ庇護申請件数

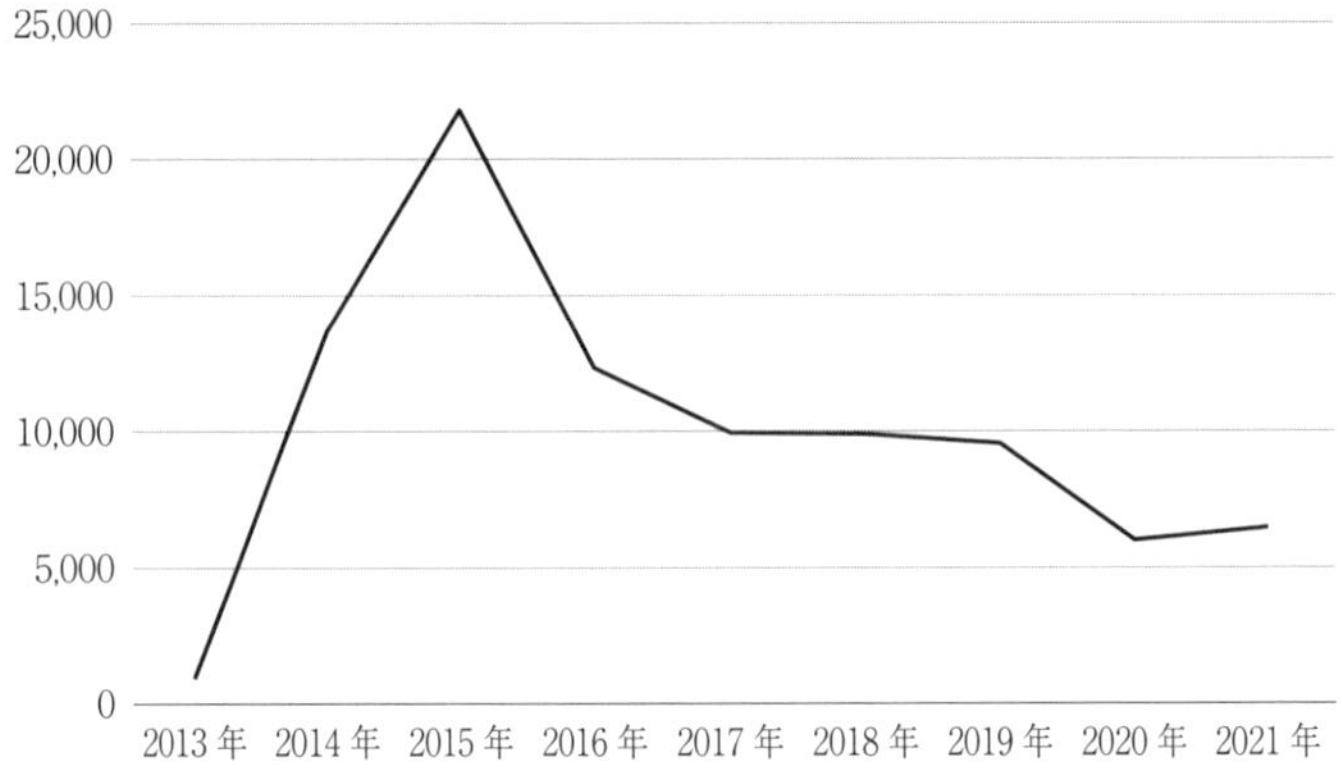

（EUROSTAT データ［https://ec.europa.eu/eurostat/databrowser/bookmark/a00f13f7-e18e-4027-ba91-8c138121a3c0?lang=en］より筆者作成）

表1　ウクライナからEUへの庇護申請許可件数推移（第一審）

	2013年	2014年	2015年	2016年	2017年	2018年	2019年	2020年	2021年
第一審での許可件数	105	530	2,805	2,820	2,530	1,620	950	860	1,445

（EUROSTAT データ［https://ec.europa.eu/eurostat/databrowser/bookmark/2ca84f40-c5da-4254-839b-e57bd0e1018c?lang=en］より筆者作成。なお、2020年以降はEU27カ国）

ると言われている。この理由としては、元来隣国のウクライナとの間で十分な社会交流があり、人の往来も盛んであったというような環境要因が主に指摘されてきた。しかし、筆者の考えでは、それよりもむしろ、そもそもウクライナからの入国者があくまで出身国における戦争状態から避難するための「一時的な移住者」（避難民）である、という認識が市民に共有されていたことこそが、寛大な受け入れを国民が支持した大きな原因であった。実際、戦争開始から一〇カ月余を経た現在、ウクライナとロシアの戦争が想定以上に長引いていることが受け入れ社会に変化を与えている。[14]報道によれば、ポーランドでは、市民のウクライナ避難民に対する好意的な態度は辛うじて保たれているが、避難民支援のためのボランティアに従事する人の数が激減した。[15]また、既に国内人口の三％を占めるまで増加したウクライナ避難民の存在が、社会摩擦のみならずウクライナ、ポーランド両国間の外交関係に亀裂が生じうる事態まで引き起こしているという指

グラフ2　EU（27）へのウクライナ避難民累計数（一時的保護）

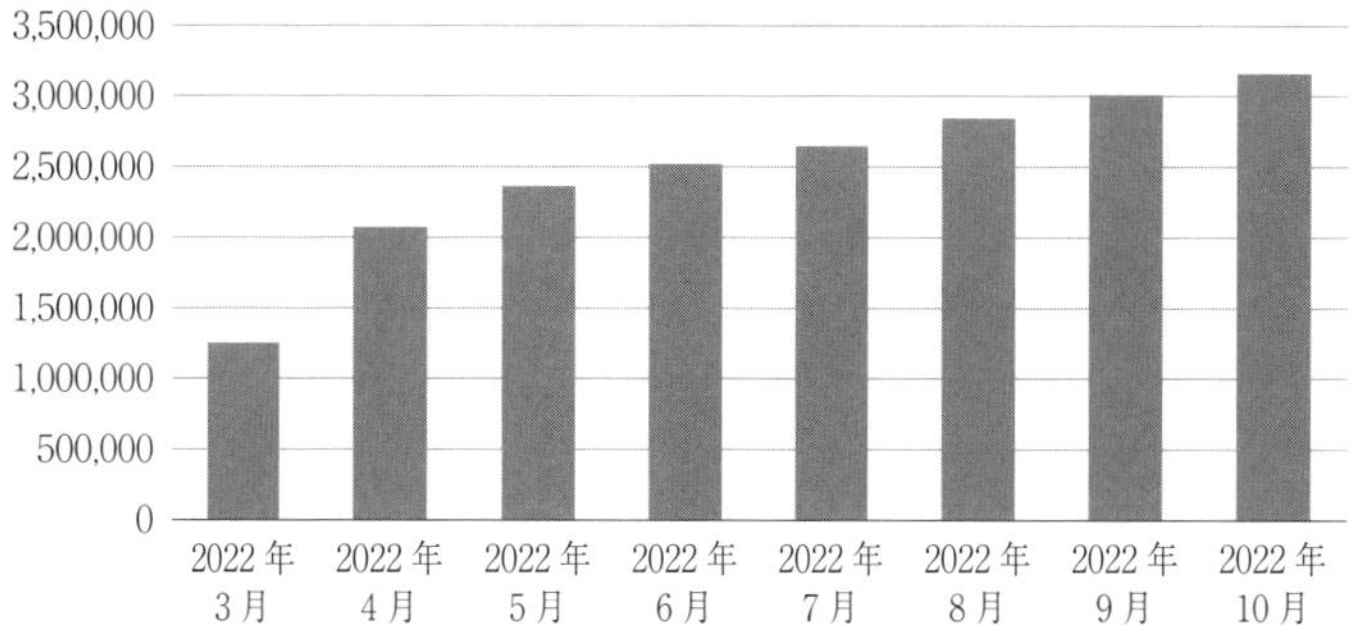

摘もある[16]。第二次世界大戦中にポーランド人の大虐殺を行ったとポーランド側が主張するステパーン・バンデラの行為を（虐殺行為と）認めず、彼を国の英雄と崇めるアンドリー・メーリヌィク前駐ドイツ大使が二〇二二年一一月にウクライナの外務副大臣に任命されたが、このことにポーランド政府は強く抗議している[17]。そして、このバンデラの主導による「大虐殺」というエピソードがポーランド国民の間に広く浸透しているために、この問題が外交問題にとどまらず広く社会問題として争点化することが懸念されている。また、二〇一四年以降に庇護申請の手続きを経て移住した「条約難民」としてのウクライナ難民の多くは、清掃業者など社会的地位の低い存在としてポーランド社会に受け入れられていたが、二〇二二年以降の一時的保護の下での「難民」は膨大な人数が一時期に流入してきたことに加え、能力や社会的地位も多様であり、ポーランド人と労働市場で競合する存在となっているという[18]。このように、ごく一般的な「移民／難民問題」の火種がいくつも生じていることは、文化的、人種的な近似性が社会摩擦を克服するという見立ての限界と言えよう。

それでは、なぜあえてEUや加盟国は今回一時的保護指令を適用したのだろうか。そもそもEUの一時的保護指令は、一九九一年に勃発したユーゴスラビア紛争により、同紛争地域からの避難民への暫定保護措置をオーストリアなどの周辺国が独自に行う中、これを補う目的で二〇〇一年に成立した[19]。今回も、ポーランドやハンガリーなど、周辺諸国にウクライナからの避難民が殺到する中、これに対応するために一時的保護指令を発動しており、両者の経緯は酷似している。一時的保護指令は、「大人数の入国（mass influx）」への対応をEUが余儀なくされたとみなす欧州委員会の発議を受けて、閣僚理事会（カウンシル）における特定多数決により可決された場合に限り発動が可能となる。また、この指令の発動により、受け入れ国は受け入れ能力（capacity）を超える人数の避難民への対処にあたっては、他のEU加盟国に協力を仰ぐことができる。今般、ポーランドやハンガリーが率先して一時的保護指令の発動に賛同したのは、言わば「ホットスポット」として否応なしにウクライナ避難民の受け入れを迫られたことに加えて、必要に応じて合法的な手段を用いて他国に負担分担の協力を求めることができることを見越したからと推測するのが妥当であろう[20]。

もっとも、たとえ国境付近に大人数の避難民が押し寄せたからといって、彼らの受け入れがポーランド政府の取りうる唯一の選択肢であったのか、といえばそうとも言えない。実際、ウクライナ紛争が勃発する少し前、二〇二一年一一月にポーランド国境に中東からと想定される大人数の避難民が押し寄せたとき、ポーランド政府は彼らの入国を徹底的に拒否し、人道的な支援を行おうとするNGOの現地入りも厳しく禁じた。この対応の違いは、表向きには、一連の事件がベラルーシのルカシェンコ大統領による外交上の脅しの手段として難民を利用する企てであり、そのような卑怯な行為には屈しない、というEU（及びNATO）の対応に与するものとされた[21]。しかし、同時に、国家安全保障の観点から、当該避難民を受け入れることのリスクと受け入れないことのリスクのいずれがより大きなコストになるかが勘案されたと理解することもできるだろう。つまり、受け入れ可否の判断にあたっては、国内における社会摩擦を生む危険も考慮されたであろうが、それ以上に、事後の関係国との外交関係がいかに変化するか、という予測こそがより大きな決定要因であったと考えられるのだ。

今回、プーチンがウクライナ侵攻を決定した表向きの理由は、ロシア系住民のウクライナ軍からの解放であり、またウクライナ全体の「ナチスからの解放」であった。それがいかに見当違いな理屈であったにせよ、もしEU（加盟国）がウクライナからの避難民を受け入れなかった場合、ウクライナ国内に人々がとどまる状態はプーチンが「救済」する対象となってしまう。また、EU加盟国は避難民の受け入れという行為を通じてロシアを公然と非難する必要があった。特に、ロシアと国境問題を抱えるポーランドや、ロシアからの安全保障上の脅威に今でも晒されているバルト三国などは、次の犠牲にならないためにも、今回のロシアの行動を正当化することはできなかった。

難民を受け入れる、という判断は、必ずしも既存の難民条約を基礎に置く国際レジームの「内部」で行われるわけではない。国際機関が期待するほどの人数を受け入れないにせよ、あるいは反対に期待以上の大人数を受け入れるにせよ、国際レジームが全く考慮されないことはないものの、国家の一義的な関心は現実の国際関係におけるパワー・バランスの調整にある。元来、難民受け入れは極めて外交的な性質を帯びるものである。これは、難民という概念がそもそも一七世紀のユグノー（カルヴァン派）への庇護を契機として誕生したことはもとより、二度の世界大戦における難民の受け入れ（ソビエト革命によって国を追われたロシア人及びナチス帝国から逃れたユダヤ人など）、そして、一九五一年のジュネーブ難民条約及び一九六七年の同条約改正（ニューヨーク附属議定書）における難民の定義（第一条）が、実質的にはヨーロッパにおけるユダヤ人問題、そして冷戦期における旧ソ連圏から西側諸国に逃れる人々の保護を法的に正当づける媒体として機能していたことを踏まえるに明らかである。[23] 冷戦期においても、「西側」の難民受け入れ体制は米国主導の下で運営され、決して価値中立的ではなかった。また、「東側」陣営も難民を政治利用した。一九八〇年代に起こったスリランカ内戦の折、西側諸国がタミール人を難民として受け入れる中、西ドイツは、国家承認を通じた外交関係の樹立を目論む東ドイツを経由するタミール人の入国を認めなかった。[24] また、一九五一年の難民条約やその改正の起草時において、インドやパキスタンがより普遍的な難民の定義を切望したにもかかわらずその要望は遂に聞き入れられなかった。[25] その後、現在に至るまでさらなる条約改正に向けた動きすら見受けられない。要するに、難民受け入れは人道危機への倫理的な国際協力として発展してきたのではなく、より力のある国家が国益の確保を目的とする外交上の手段として機能してきたのである。

2　欧州共通庇護体系の限界——その再検討

ウクライナ難民危機へのEUや加盟国の対応は、この本来的な難民保護のあり方を改めて浮き彫りにするものであった。これまで、難民保護のための国際レジームの正当性や有効性を期待する論調の延長上には、シリア難民やアフガニスタン難民、その他アジアやアフリカでの難民危機に応じる措置として、EUが一時的保護指令を選択しないことについての批判的な見解は確かに存在した。[26] しかし、多くの批判は制度化の限界を欧州統合の正当性に照らして指摘するにとどまっていた。今般のウクライナ難民危機は、そのような批判が見当外れであるとまでは言えないものの、本質に迫るものではなかったことを明らかにした。難民受け入れは出入国管理政策の分野ではなく外交政策であること、またそれ故に、シェンゲン／ダブリン体制はあくまで加盟国の政策上の選択肢の一つであるということが改めて確認されたのである。

ウクライナ難民危機は、難民政策分野における欧州統合の限界をまさに構造的な問題として浮き彫りにした。特に、その中核を成すダブリン規則の遵守や改正をめぐる議論が堂々巡りになり、加盟国間で難民受け入れの負担分担を行うための政策調整が捗々しくない理由を、従来の議論は、スピル＝オーバーが未だ成功していない事例と捉えてきた。つまり、加盟国によりばらつきがある難民受け入れ体制、即ち、そこでは、難民の審査基準や補完的保護のあり方、庇護申請者の収容体制などを標準化し、人材育成を含むインフラ整備を行い、警察や検察分野の加盟国間協力を進めることで、実効的な受け入れ負担分担体制が確立されるとの青写真が描かれてきた。[27]

しかし、ウクライナ危機は、難民政策分野のEU加盟国間協力が失敗する理由を、その原則に照らして検討する必要性を喚起した。とりわけ、ダブリン規則は、EU加盟国（正式にはダブリン条約締約国）の間で庇護審査の責任国を定めるルールであるが、そもそも、このルールは、主権国家体制の維持と矛盾なく両立するのだろうか。難民受け入れが本来的には国家の対外行為である、という原則に立ち返るならば、難民の出身国は受け入れ国がその政治体制を非難する相手国ということになる。そして、他国を公式に非難するか、しないかの判断は、国家にとっては死活的利益（vital interest）にかかわる高次の外交問題のはずである。

しかしながら、欧州統合の文脈においては、そのような外交上の目的はすっかり忘れ去られてしまった。これには、一九八〇年代半ば以降、シェンゲン圏が欧州単一市場プロジェクトのモメンタムに乗じて形成されていく中で、一九九〇年代に冷戦構造が崩壊したという国際環境が大きく影響していた。冷戦後のヨーロッパ世界における難民問題はもはや（旧）東側陣営との外交駆け引きではなくなり、アフリカやアジアからの生活困窮者や避難民を受け入れるという人道危機に出入国管理体制がどのように対応しうるか、という問題に取って代わった。これに伴い、難民受け入れに関する安全保障上の問題は、より伝統的な国家間関係を規定するものから、国内治安維持との境界が曖昧な性質のものへと変化していった。そして、EU加盟国間では難民問題は存在しないことになり[28]、また、ダブリン規則の下で、EUが「安全な第三国」と定める国からEUへの庇護申請ができないこととなった[29]。また、難民が関わる安全保障問題は、国境付近での混乱と治安の乱れをいかに国際協力、即ち受け入れ負担の分担を通じて解消するか、という問題に焦点化され、議論されるようになった[30]。

振り返るに、欧州統合がこのような方向に進んでいくことへの加盟国の反駁が露呈したのが、二〇一五年シリア難民危機のときであったように思われる。当時メルケル首相の英断により大規模なシリア難民のドイツへの受け入れが実現したが、彼らはEUの一時的保護指令ではなく、補完的保護という難民に準じる人道的受け入れ枠を通じてドイツでの滞在資格を得た。他方、ドイツへの陸路での移動を試みるシリア難民へのギリシャ、イタリア両政府の対応が不十分であったことを理由に、ドイツは欧州委員会の発議という体裁で、ダブリン規則の改正案（理事会決定案）として、一六万人余りのシリア難民のEU加盟国への受け入れ負担分担体制を、全会一致ではなく特定多数決という採決方法を通じて法制化しようとした[31]。この一連のプロセスには、ハンガリーなど以前から独自の難民政策を志向していた国々が猛反発しただけでなく、比較的EUの主導路線に親和的なフィンランドも、その強制的な手法を非難した。

また、同時期、EUのほぼ全ての加盟国ではシェンゲン・ルールの例外規定を適用する形で国家単位の出入国管理体制を導入した。これは、新型肺炎によるパンデミックにより二〇二〇年以降も延長され、現在に至っている。

一連のEU加盟国の行動は、難民（や移民）受け入れへの消極姿勢と捉えられ、UNHCRや人権NGOから非難されてきた。また、欧州統合との関わりにおいては、その逆行あるいは危機と認識されてきた。しかし、一連の評価は、今般のウクライナ危機を経て再検討される必要があるだろう。国家がどのような人々に門戸を開き、また閉ざすのかという判断は排他的な国家主権として行使されるべきだ、という認識が多くのＥＵ加盟国に共有されるようになってきているのではないだろうか。人道的な配慮や国内の治安維持は、たとえ政治家の言及があったにせよそれ自体が目的ではなかった。そして、難民問題が本質的には外交問題であるという認識が政治的な意思決定を左右するようになっていることが、現在起こっている変化として理解できるのではないだろうか。

おわりに

ウクライナ危機はＥＵ難民政策をいかに変えるだろうか。少なくとも、今般のウクライナ避難民受け入れを経て、ＥＵ加盟国がアフガニスタンやミャンマーなど世界の他の国での難民問題を同様の方法で解決しようとはしないだろう。一時的保護の発動は例外的なケースにとどまるだろうが、それを他国と比べて差別的な対応だと（国際機関などが）非難したところで、それは本質を突いた批判でない以上、ＥＵ加盟国の行動変化を促すものとはならないだろう。

他方で、日本では、難民が発生する国際的な問題の解決こそが本来の目的のはずであるのに、受け入れ枠を拡大させることのみが正義であるかのような議論が主流である。そのために、条約難民の定義の拡大や、寛大な受け入れが世界のトレンドであるという前提を置こうとするなら、少なくともＥＵ（加盟国）のケースについては、それは事実ではない、ということを改めて強調したい。この結論には、先進国が世界の難民問題に無条件に冷淡であってよい、という示唆は全くない。ただ、それは、シリア難民危機の際にＥＵが試みたような国際制度化とは異なる方策でなければならない。教条的な強引さは、たとえそれが道徳的、倫理的に尊ぶべき価値観に基づくものであっても、今日の世界では有効ではない。これが、悲しいかな、今般のウクライナ危機で我々が得た教訓であるだろう。国家が率先して受け入れ（協力）枠組みを整備するような国際環境が望ましいことは言うまでもない。しかし、そのためには、避難民が生じている国が大国から十分な支援を受け、終戦後は西側の国際秩序の中に安定的に組み込まれるであろうという想定が必要だ。現在、ミャンマーから人道的配慮により日本に避難している約四万八〇〇〇人のうち、四％弱の人々が日本へ庇護申請をしている[32]。ＥＵ加盟国にいるウクライナ人の庇護申請者は一％にも満たない。世界の難民問題を考えるとき、受け入れ枠をいかに拡大するか、という問題だけでなく、そもそもなぜ母国を永久に捨てたいと考える人がそれほど多いのか、という難民問題の根本にも目を向けることが、我々に求められているのではないだろうか。

（1）本章の執筆にあたり、出入国在留管理庁在留管理支援部長（執筆時現在）の君塚宏氏より貴重なコメントをいただいた。ここに記して謝意を表したい。

（2）Analysis on Asylum and Temporary Protection in the EU: in the Context of the Ukraine Crisis, European Union Agency for Asylum（https://euaa.europa.eu/publications/analysis-asylum-and-temporary-protection-eucontext-ukraine-crisis-2. 最終アクセス二〇二二年一二月二二日）

（3）"Mass exodus from Ukraine reported as Russian troops advance on Kyiv," Radio France International, 25, February, 2022（https://www.rfi.fr/en/international/20220225-mass-exodus-from-ukraine-reported-as-russian-troops-advance-on-kyiv. 最終アクセス二〇二二年一二月二六日）

（4）COUNCIL IMPLEMENTING DECISION（EU）2022/382 of 4 March 2022 establishing the existence of a mass influx of displaced persons from Ukraine within the meaning of Article 5 of Directive 2001/55/EC, and having the effect of introducing temporary protection.

（5）UNHCR Operational Data Portal, "Ukraine Refugee Situation"（https://data.unhcr.org/en/situations/ukraine 最終アクセス二〇二二年一二月二七日）.

（6）同上

（7）High Commissioner's Statement to the United Nations Security Council on Ukraine, February 28, 2022, UNHCR（https://www.unhcr.org/admin/hcspeeches/621d33da4/high-commissioners-statement-united-nations-security-council-ukraine.html. 最終アクセス二〇二二年一二月一七日）

（8）Justice and Home Affairs Council, 3-4 March, 2022, Council of the European Union,（https://www.consilium.europa.eu/en/meetings/jha/2022/03/03-04/. 最終アクセス二〇二三年一〇月三一日）.

（9）"Europe welcomes Ukrainian refugees but others, less so," February 28, 2022, NPR.

（10）"Why Hungary and Poland Are Welcoming Ukrainian Refugees," The National Interest, March 7, 2022.

（11）ここで難民条約とは、一九五一年に締結された難民の地位に関する条約、及び一九六七年の同条約改正を指す。日本での評価については、例えば、「日本が「難民鎖国」から「人道大国」に脱皮するには…増え続けるウクライナ避難民、五二〇万人突破」東京新聞 Tokyo web・二〇二二年四月二六日など（https://www.tokyo-np.co.jp/article/173482/2. 最終アクセス二〇二二年五月二三日）

（12）岡部みどり「EUのウクライナ避難民支援にみる国際協力の将来――日本への示唆」日本国際フォーラム・コメンタリー（二〇二二年五月二七日。https://www.jfir.or.jp/studygroup_article/8627/）でも同様の批判を行った。なお、本章は、このコメンタリーで展開した議論を発展させた論考である。

（13）現状では、全てのEU加盟国において個人は庇護申請を複数回行うことができるが、ここでは最初の審査の結果難民として認定された件数のみを挙げている。なお、一般的に、一度不認定と判断されたケースがその後の再審において認定されることは稀である。

（14）例えば、雑誌"Foreign Policy"（web版）でのインタビューにおいて、米国国際政治学者のスティーブン・D・ウォルトも同様の見解を示している。cf. Stephen Walt on the underweighted risks of 2023, Foreign Policy, December 28, 2022（https://foreignpolicy.com/2022/12/28/stephen-walt-foreign-policy-2023-risk-elections-china-protests/. 最終アクセス二〇二二年一二月二九日）.

（15）"Ukrainian refugees in Poland: how long will the warm welcome last?" Voxeurop, 23 November 2022（https://voxeurop.eu/en/ukrainian-refugees-poland-how-long-will-warm-welcome-last/. 最終アクセス二〇二二年一二月二八日）.

（16）Krawatzek, F. and P. Goldstein, "Ukraine war: Poland welcomed refugees with open arms at first, but survey shows relations are becoming more strained," The Conversation, December 7, 2022（https://theconversation.com/ukraine-war-poland-welcomed-refugees-with-open-arms-at-first-but-survey-shows-relations-are-becoming-more-strained-196080. 最終アクセス二〇二二年一二月二八日）.

（17）"Anger in Warsaw over Ukraine appointing minister who denied wartime massacre of Poles," November 23, 2022, Notes from Poland（https://notesfrompoland.com/2022/11/23/anger-in-warsaw-over-ukraine-appointing-minister-who-denied-wartime-massacre-of-poles/. 最終アクセス二〇二二年一二月二八日）.

（18）Krawatzek, F. and P. Goldstein, 前掲文献。

（19）旧ユーゴスラビア避難民受け入れとEU一時的保護指令制定に至る経緯については、cf. Van Selm, J. *Refugee Protection in Europe: Lessons of the Yu-*

goslav Crisis, Martinus Nijhoff Publishers, 1997.

（20）宮井健志も同様の見解を示している。cf. 宮井健志「『難民』をどう捉えるべきか（2）：ウクライナ侵攻とEUの一時的保護」日本国際問題研究所研究レポート二〇二二年三月三一日（https://www.jiia.or.jp/research-report/europe-fy2021-12.html. 最終アクセス二〇二二年一二月二八日）。しかし、宮井はウクライナ避難民受け入れの要因を文化的均質性の観点から説明しようとする。これに対して、筆者は、本章で一貫して論じるように、受け入れは、近隣諸国などとの国際関係を考慮した現実的な判断の帰結であるとの見解をとる。

（21）詳細については、岡部みどり（前掲文献）において検討した。

（22）オックスフォード英語辞典では、「難民（refugee）」という言葉の起源を、フランスでのナント勅令の撤回を受けて英国に逃れてきたカルヴァン派（ユグノー）の人々を指すものと説明している。cf. Oxford English Dictionary (2nd edition), 1989.

（23）Betts, A and G. Loescher（eds.）, *Refugees in International Relations*, Oxford University Press, 2010.

（24）Weiner, M. "Security, Stability and International Migration," *International Security*, 17(3), Winter 1992.

（25）Oberoi, P. "South Asia and the Creation of the International Refugee Regime." Refuge : Canada's Journal on Refugees, 19(5), 2001; Davies, S. E. Legitimizing Rejection : International Refugee Law in Southeast Asia,（Refugees and Human Rights, Volume 13）, Brill, 2007; Okabe, M. "How states react to the international regime complexities on migration : a study of cases in South East Asia and beyond," International Relations of the Asia-Pacific, vol. 21. 2021.

（26）例えば、Genç, H. D. and Şirin Öner, N. A. "Why not Activated? The Temporary Protection Directive and the Mystery of Temporary Protection in the European Union," *International Journal of Political Science & Urban Studies*, 7(1), 2019.

（27）特に、警察／検察分野の協力の重要性に触れている文献としては、遠藤乾『欧州複合危機』中公新書（二〇一六年）など。

（28）Consolidated version of the Treaty on the Functioning of the European Union-PROTOCOLS-Protocol（No 24）on asylum for nationals of Member States of the European Union, Official Journal 115, 09/05/2008 P. 0305–0306.

（29）DIRECTIVE 2013/32/EU OF THE EUROPEAN PARLIAMENT AND OF THE COUNCIL of 26 June 2013 on common procedures for granting and withdrawing international protection（recast）, article 33（2c）.

（30）特に欧州では、EU加盟国にとどまらない受け入れ負担の分担体制を正当化する議論が席巻した。大人数の避難民によって生じる国境付近の混乱を解消することは関係国すべてに「公共財」を提供することにつながる、というような国際公共財の議論としても展開された。cf. Thielemann, E. "Why Refugee Burden-Sharing Initiatives Fail : Public Goods, Free-Riding and Symbolic Solidarity in the EU," *Journal of Common Market Studies*, 56(1), 2018.

（31）詳細は、岡部みどり「欧州移民・難民危機とEU統合の行く末に関する一考察」『国際問題』No. 662（二〇一七年六月）を参照されたい。

（32）出入国在留管理庁関係者より聴取（二〇二二年一月五日）。

II　ヨーロッパ各国にとってのウクライナ戦争

4　ウクライナ戦争とイギリス
――「三つの衝撃」の間の相互作用と国内政治との連関

小川浩之

（おがわ　ひろゆき）
東京大学大学院情報学環教授
専門は現代イギリス政治外交史、国際政治史
著書に『イギリス帝国からヨーロッパ統合へ――戦後イギリス対外政策の転換とEEC加盟申請』（名古屋大学出版会）、『英連邦――王冠への忠誠と自由な連合』（中央公論新社）などがある。

はじめに

二〇二二年二月二四日のロシアのウクライナ侵攻によるウクライナ戦争[1]の勃発は、二〇二〇年春以来、すでに約二年間続いていた新型コロナウイルス感染症のパンデミック（世界的大流行）と重なる形で、世界を大きく揺さぶった。さらに、イギリスは、二〇一六年六月二三日に行われた国民投票で僅差ではあったがEU離脱派が多数を占めた後、困難を極めたEU側との交渉と国内での批准の過程を経て、二〇二〇年一月末にEUから離脱し、同年一二月末にEU離脱後の移行期間が終了したという、EUからの脱退（ブレグジット）から間もない状況と重なることで、三重の形で大きな衝撃に直面したといえる。

ただし、それらの二重ないし三重の衝撃は、相互に影響しあい増幅されることで、より強い衝撃となってダメージを及ぼすときもあれば、場合によっては、ある衝撃の影響によって他の衝撃のダメージが緩和されるということも起こりうる。より具体的には、EUがウクライナ戦争への対応において多くの場面で重要な役割を果たすことができない中で、イギリスにとって、ウクライナ戦争の勃発にともない、ブレグジットのダメージの一部が少なくとも一時的には緩和される状況が現れていると考えられるのである。もちろん、イギリスにとってもウクライナ戦争の負の影響は小さいものではなく、特にロシアに対する厳しい経済制裁の実施やウクライナからの穀物などの輸出の大幅な減少は、数十年ぶりの深刻な物価上昇（イギリスでの二〇二二年の物価上昇率は四一年ぶりの高水準となる一一・一％に達した）と賃上げを求める労働組合による大規模なストライキの頻発の大きな原因となっている。また、そもそもブレグジットにともなう大きな経済的ダメージがウクライナ戦争によって緩

和されることは、（軍需や石油・天然ガスなど一部の産業の経営状況が一時的に上向くことはあっても）基本的にはないと考えられる。さらに、もしウクライナ戦争がロシアと北大西洋条約機構（NATO）の軍事的衝突にまで拡大すれば、イギリスは直接の交戦国となる可能性が高く、イギリスにとっても事態は根本的に変化するはずである。ただし、本章を執筆している二〇二三年一月時点で、ウクライナ戦争がロシアとNATOの軍事的衝突に発展する明確な兆候は見られず、また本章の中で、そうした事態を想定した分析を現時点までの状況に関する分析と併せて行うことは、仮定の状況も含めることで議論を過度に複雑にすることになり、おそらくマイナス面のほうが大きい。

そこで、本章では、すでにブレグジットと新型コロナウイルス感染症のパンデミックの衝撃を受ける中で、ウクライナ戦争の勃発に直面したイギリスが、二〇二三年一月までの状況において、外交、安全保障、経済などの分野で被ってきた影響や、それらの分野でイギリス政府が推進した政策の効果と限界について、適宜、「三つの衝撃」の間の相互作用に着目し、イギリス国内政治の動向との連関も視野に入れつつ考察したい。

1 ウクライナ戦争の勃発とジョンソン政権の対応

二〇二二年四月九日、イギリスのジョンソン（Boris Johnson）首相（当時）が、ウクライナの首都キーウ（キエフ）を訪問し、ゼレンスキー（Volodymyr Zelensky）大統領と会談を行った。ジョンソンのキーウ訪問は、ウクライナ戦争の勃発後、主要先進七カ国（G7）首脳として初めてのもので、安全上の理由から、マスメディアなどに対して事前に公表されることなく行われた。ロシア軍の地上部隊は、ウクライナ侵攻直後にいったんベラルーシから南に向けてキーウ近郊にまで侵入したが、ウクライナ軍の頑強な抵抗を受けて撤退を余儀なくされていた。アメリカ国防総省高官が記者団に対して、ロシア軍がキーウ周辺およびベラルーシ国境に近いチェルニヒウ周辺から完全に撤退した――つまりキーウを含むウクライナ北部での地上戦が事実上いったん終結した――という分析を示したのは、四月六日のことである（『日本経済新聞』二〇二二年四月七日）。

こうして、ジョンソンのキーウ訪問は、まさにロシア軍がキーウ周辺から完全撤退した直後に行われた。ロシア軍が周辺から部隊を撤収させたばかりで、閑散とした市内を重装備の護衛に守られながらゼレンスキーと並んで歩く姿は、ジョンソンがいうところのイギリスの「揺るぎない」連帯の姿勢を強く印象づけた（なお、ロシア軍の撤退後、キーウ北西近郊のブチャで多数の市民の遺体が路上に放置されているのが見つかり、ロシア軍による虐殺が強く疑われたため、国際的な非難が集中した。ロシア側は、遺体はウクライナ側が置いたもので、「フェイク」だと疑惑を否定したが、ロシア国外でそれを信じる者は少なく、ブチャはロシアによる侵略の残虐性を示す象徴となった）。ウクライナ戦争勃発後、主要国の首脳として最初にキーウを訪問したことは、「メディア露出に長《た》けたポピュリスト政治家」（鶴岡 二〇二〇、二〇頁）のジョンソンならではの行動であり、前年から次々と発覚していた「パーティーゲート（Partygate）」事件と呼ばれるスキャンダル[2]に対するイギリス国内での批判をかわす目的もあったと考えることはできる。しかし他方で、こうした非常に早い段階でのジョンソンの訪問は、ウクライナ側では大いに歓迎、感謝され、世界中のマスメディアでも広く報道された。その意味で、ジョンソンがそこに込めた意図が何であったにせよ、ウクライナ側の士気を高め、ウクライナへの国際的な支援を維持・強化することに少なからず役立った点で、ジョンソンが早い時期にキーウを訪れたことは成功であったといってよいだろう。さらに、ジョンソンは、四月九日のキーウ訪問時に、ウクライナに装甲車や対艦ミサイルシステムを供与することに加えて、世界銀行の融資に向けて追加支援を行うと表明した。ジョンソンはまた、石炭輸入の禁止などロシアに対する経済制裁を引き続き強化する方針も示した。ジョンソンは、こうした支援について、「ウクライナが二度とこのような形で脅かされないようにする」ことが狙いだと説明した（*Reuters*, 10 April 2022）。

　他方、キーウ近郊を含むウクライナ北部から撤退したロシア軍は、ウクライナ東部に兵力を集中させる動きに出た。ロシアと国境を接するウクライナ東部のドンバス地方（ドネツク、ルハンスク両州）では、主にロシア語を話すロシア系住民が多く居住しており、親ロシア派武装勢力は、二〇一四年五月に実施した「住民投票」の結果を根拠として、「ドネツク人民共和国」と「ルハンスク人民共和国」の独立を宣言していた[3]。そして、プーチン（Vladimir Putin）がウクライナの非軍事化と非ナチ化を目標に掲げる「特別軍事作戦」において重視すると主張したのは、ウクライナにおけるロシア系ないし親ロシア派の住民の保護であった。ロシア軍の兵力がウクライナ東部に集中的に投入される中で、五月一七日には、アゾフ海に面するとともに、ロシアが二〇一四年三月に一方的に併合を宣言したクリミア半島[4]とウクライナ東部の親ロシア派支配地域を結ぶ戦略的な要衝で、ウクライナのアゾフ大隊がアゾフスターリ製鉄所の地下施設に立てこもっていたドネツク州のマリウポリがロシア軍によって陥落した。プーチン政権は、アゾフ大隊を一方的に「ネオナチ」と決めつけ、「特別軍事作戦」の目的のひとつとしてウクライナの非ナチ化を掲げていたため、アゾフ大隊の投降とマリウポリの陥落は、プーチン政権にとって象徴的な「戦果」となった（『毎日新聞』二〇二二年五月一七日）。しかし他方で、ロシア軍は、ウクライナ東部のその他の地域では、米英を中心とする西側諸国からの軍事支援に支えられたウクライナ軍の頑強な抵抗を受けて、目立った前進を果たすことができない状態に陥っていた。

　ジョンソンは、「パーティーゲート」事件をめぐり、引き続きイギリス国内で厳しい批判を浴びていた。しかし、六月六日に保守党は、ジョンソンに対する党首としての信任投票を実施し、保守党下院議員三五九人のうち二一一人（約五八・八％）が信任に賛成したため、ジョンソンの保守党党首および首相としての留任が決まった。だが、一四八人（約四一・二％）の保守党下院議員は不信任に票を投じており、ＢＢＣは、「今後の党内対立や政権運営の行方が注目される」と報じた（BBC News, 6 June 2022）。スキャンダルや失政などによって党首や首相の地位が揺らいだときに、このような信任投票が行われ、結果的に多数の信任票を確保することで当該政治家がその立場を立て直すことも少なくない。しかし、この場合は、ジョンソンの保守党党首およびイギリス首相としての地位は、六月六日の信任投票を経ていったん維持されたとはいえ、引き続き、とても安泰といえる状況にはならなかったといえる。

2　ジョンソンの二度目のキーウ訪問から辞意表明まで

こうした状況で、ジョンソンは六月一七日、ウクライナ戦争勃発後、二度目のキーウ訪問を行い、再びゼレンスキー大統領と会談した。この訪問についても事前に発表は行われず、ウォレス（Ben Wallace）国防相によれば「全く秘密裏」に予定され、電撃的に行われた。この訪問の際、ジョンソンは特に、ウクライナ軍に提供する訓練プログラムを提示した。このプログラム（訓練はウクライナ国外で行われると想定された）では、一二〇日ごとに最大一万人のウクライナ軍の兵士を訓練し、それによって彼らは、「最前線で勝ち抜くためのスキル、基本的な医療訓練、サイバーセキュリティー、対爆発物戦術」などを学ぶことになるとされた。ゼレンスキーは、通信アプリ「テレグラム」(5)への投稿で、「この戦争が長引くにつれ、イギリスのウクライナに対する支援が確かなものだと証明されている。ウクライナにとって最大の友人、ジョンソン首相の再訪を歓迎する」と述べた。なお、この前日の一六日には、フランス、ドイツ、イタリア、ルーマニア四カ国の首脳が揃ってキーウでゼレンスキーと会談し、その後、欧州委員会が、ウクライナをＥＵの加盟候補国として推薦すると発表していた（BBC News, 17 June 2022）。

先述したように、六月一七日のジョンソンの二度目のキーウ訪問は事前の発表なしに電撃的に行われたが、ジョンソンはこの日、イングランド北部ウェイクフィールド選挙区での補欠選挙（六月二三日）を目前に設定されていた、イングランド北部を地元とする与党議員たちとの会合をキャンセルし、ウクライナに向かっていた。ウォレスは、戦時下にある同盟国への支援を示すことが重要だったと述べ、ツイッターで、「ウクライナの勝利を助けることと、国内の支援は関連している。インフレの原因のひとつはガスや食料の価格だが、その上昇の一部はこの紛争に起因している」と記した。しかし、イングランド北部の経済支援団体の会長や保守党議員団「北部調査グループ」の会長らは、ジョンソンのウクライナ訪問の意義には理解を示しつつも、彼が予定されていた会合をキャンセルしたことには苦言を呈した（BBC News, 17 June 2022）。

六月二三日に行われたウェイクフィールドでの補欠選挙では、労働党候補のライトウッド（Simon Lightwood）が、二〇一九年一二月の総選挙の際に保守党候補が労働党の現職議員から奪った議席を大差の勝利で奪い返し、ジョンソン政権の退潮と

（二〇一九年総選挙後に党首に選出された）スターマー（Keir Starmer）率いる労働党の勢いが、あらためて示される形となった。もちろん、ひとつの補欠選挙の意味や影響を過大評価すべきではないだろう。だが、二〇一九年の総選挙で保守党候補が三〇〇〇票以上の差をつけて勝利を収めた選挙区で、約二年半後に労働党候補（一万三一六六票、得票率約四七・九％）が保守党候補（八二四一票、得票率約三〇・〇％）に五〇〇〇票近い大差をつけて勝利するのは、大きな変化であるのは確かだろう（選挙結果の詳細については、ITV News, 24 June 2022）。特に、ウェイクフィールドを含むイングランド北部の選挙区は、従来は労働党の牙城であったが、ブレグジットに関する国民投票の際に注目された「置き去りにされた人々」が多く居住する地域と重なり、二〇一六年六月の国民投票ではEU離脱、二〇一九年一二月の総選挙では翌年一月末までのEU離脱を強く訴えたジョンソン率いる保守党に多数の有権者が投票していた。そうしたイングランド北部に位置するウェイクフィールドでの労働党候補の大勝は、ひとつの選挙区での補欠選挙の結果にとどまらない重要性を持ち、ジョンソン首相にとってさらなるダメージになったと考えられる[6]。

ウクライナでは、ロシア軍がドンバス地方での攻勢を続け、七月三日には、ルハンスク州を完全に制圧したと宣言した。ゼレンスキーは、三日夜のビデオ演説で、「人命の重要性」を強調し、ルハンスク州最後の拠点となっていたリシチャンスクから、部隊を計画的に撤収させたと認めた。ロシア軍はさらに、ドンバス地方全域の制圧に向けて、隣接するドネツク州への攻勢強化に乗り出した。しかし、ゼレンスキーは「ウクライナは何も諦めない」と述べ、ルハンスク州を奪還する決意を表明し、同じく三日には、ウクライナ中南部ザポリージャ州メリトポリ市の市長が、ウクライナ軍がロシア軍の弾薬庫を破壊したことを明らかにした。この攻撃では、アメリカが供与した高機動ロケット砲システム「HIMARS（ハイマース）」が使われたと見られ、ロシア軍がいったん占領したウクライナ南部では、ウクライナ軍の反攻が目立つようになった（『読売新聞』二〇二二年七月五日）。他方、ウクライナで一進一退の攻防が続く状況で、イギリス国内では、七月五日にスナク（Rishi Sunak）財務相とジャヴィド（Sajid Javid）保健相が、不祥事が相次ぐジョンソン政権への抗議のために揃って辞任したことが最後の一押しとなり、ジョンソンが七月七日に最終的に辞意を表明した。

3　イギリス政治の混迷とウクライナ支援の継続

こうして、ジョンソンはすでに辞意を表明しており、保守党党首選挙の決選投票の結果発表後に辞任するという状況であったが、八月二四日には、ウクライナ戦争勃発以降三度目の――そしてジョンソンにとって首相在任中最後となる――ウクライナ訪問を行い、キーウでゼレンスキーと会談した。八月二四日は、ロシアによるウクライナ侵攻開始からちょうど六カ月目であり、ウクライナの旧ソ連からの三一回目の独立記念日でもあった。そうした象徴的な日にキーウを訪問したジョンソンは、最新鋭の無人偵察機二〇〇〇機やロイタリング（徘徊型）弾薬などを含む五四〇〇万ポンド（約六三五〇万ドル。約八七億円）規模の追加軍事支援を約束した。他方、ウクライナの独立記念日である八月二四日には、アメリカのバイデン（Joe Biden）大統領も、配備までに数年かかる武器も含まれるとしつつも、二九億八〇〇〇万ドル（約四一〇〇億円）相当の軍事支援を新たに実施すると発表した。アメリカによる新たな支援策には、中距離地対空ミサイルシステム「NASAMS（ナサムス）」や攻撃型の無人機、対砲兵レーダーなどの供与が含まれ、火砲の弾薬も大幅に拡充するとされた（*Reuters*, 25 August 2022；『日本経済新聞』二〇二二年八月二五日）。

ジョンソンが表明した追加軍事支援は、同じ日にバイデンが発表したものより二桁小さい額であり（ただし、ここでバイデンが表明した支援額は一度のものとしてはそれまでで最大であった）、いかにも小規模に思えるかもしれない。そして、イギリスが、アメリカや中国と比べて、自国の防衛や他国への軍事支援に割きうる財政的、人的資源に大きな限界を抱えているのは、このときに限られたことではない。しかし、前記のように象徴的な日に首相自身がキーウを訪問して追加軍事支援を表明するという行動と、規模は限られているものの、無人偵察機やロイタリング弾薬などウクライナ戦争で大きな効果を発揮している兵器を中心に支援を行うという方針は、ともに、イギリスが限られた資源を最大限に活かしつつ、ウクライナへの支援を行っていることを示しているといえるだろう。また、アメリカのカール（Colin H. Kahl）国防次官（政策担当）は、八月二四日に公表した軍事支援に関して、「ウクライナに届くまでに一～三年かかる兵器もある」と明言し、「中長期的に必要なものを提供するのが目的で、今日、明日の戦いには関係ない。一～二年後にウクライナが自国を守り、さらなる侵略を抑止する能力に関わる」と述べた（『日本経済新聞』二〇二二年八月二五日）。それに対して、イギリスの追加軍事支援は、より短期間で供与・配備が可能なものを含んでおり、英米間である種の分担が行われたと考えることもできるのではないだろうか。

また、ジョンソンは、ゼレンスキーとの会談後の共同記者会見で、ロシアの侵攻に対するウクライナの「不屈の」抵抗を称賛し、「今はもろい（停戦）交渉の計画」を推進するときではないと述べ、さらに「プーチン大統領が成功すれば、ロシア周辺の国々は安全ではなくなる」として、ウクライナ戦争を背景にエネルギーや食料の価格上昇が一部の消費者に打撃を与えはするが、ヨーロッパはウクライナへの軍事的、経済的支援を継続すべきだと呼びかけた（*Reuters*, 25 August 2022）。こうして、ジョンソンが、単にロシアを非難し、ウクライナを支持するだけでなく、より踏み込んで、ロシアとの停戦交渉の計画の推進を控え、ウクライナへの軍事、経済両面での支援を継続すべきと呼びかけるメッセージを発したことの意味も（ロシアとの停戦交渉の計画を推進すべきか否かについては、様々な意見がありうるとしても）大きいと考えられる。

それに対して、ジョンソンの首相辞任後も、イギリス国内政治の混乱は続いた。九月六日には、保守党党首選挙の決選投票でスナクを破ったトラス（Liz Truss）外相がジョンソンの後任首相に就任したが、彼女が党首選挙の際に繰り返し主張した大規模減税などを含む「ミニ・バジェット」を発表したところ、ポンドの価格が外国為替市場で大きく下落し（この間、ポンドは対ドルで史上最安値を更新し、一時はポンドとドルの「パリティ」にも近づいた）、イギリスの国債も大きく売り込まれ、長期金利は急上昇した。トラスはクワーテング（Kwasi Kwarteng）財務相を解任し、いくつかの政策については撤回したが、保守党内部と金融市場での信頼を回復することはもはや困難で、イギリス首相として史上最短の四九日間の在任期間で辞任を余儀なくされた。そして、スナクがトラスの後任の保守党党首に選出され、二〇二二年で三人目の保守党政権の首相に就任した。なお、クワーテングの後任の財務相に就任したハント（Jeremy Hunt）——二〇一九年七月に結果が発表された保守党党首選挙の決選投票ではジョンソンに敗れており、二〇二二年六月のジョンソンの信任投票では保守党下院議員らに不信任の票を投じるよう呼び掛けていた——は、スナク、ザハウィ（Nadhim Zahawi）、クワーテングに次ぐ二〇二二年で四人目の財務相である。スナクは、一九六〇年代に東アフリカからイギリスに移住したインド系の両親のもと、イギリスで生まれ育った同国初のアジア系の首相である。彼は、オックスフォード大学を卒業後、米金融大手ゴールドマン・サックスで勤務した経験を持ち、二〇二〇年二月一三日の内閣改造の際に三九歳の若さでジョンソン政権の財務相——スナクの前任の財務相は、先述したように二〇二二年七月にスナクとともに辞任し、ジョンソン辞任の「最後の一押し」をしたジャヴィドであった——に抜擢された。そして、スナクは、二〇二〇年三月二三日にはイギリスで一回目の全国的なロックダウンが始まるなど、就任直後から深刻なコロナ禍に見舞われたものの、休業者への給与補塡を大胆に実施したことなどで評価を高めた（小川 二〇二三、一四五頁）。

こうして、二〇二二年のイギリスの国内政治はとりわけ混迷が続いたが、そうした中でも、イギリスによるウクライナへの積極的な支援は継続された。九月三〇日にはプーチンが、ウクライナ東部のドネツク州とルハンスク州、中南部のザポリージャ州、南部のヘルソン州をロシアに併合することを一方的に宣言した。プーチンは、占領地域で親ロシア派が強行したロシアへの「編入」を求める「住民投票」が成立したとして、モスクワを訪問した親ロシア派幹部とともに、ロシアへの「編入」に関する合意文書に署名したのである。ロシアがウクライナの領土を一方的に併合するのは、二〇一四年のクリミア半島の併合以来となった（『朝日新聞』二〇二二年九月三〇日）。他方、ロシア軍は、ウクライナ軍の反攻を前にして、いったん占領したヘルソン州の州都ヘルソン市から撤退を余儀なくされ、その他にも、併合を宣言した四州での支配地域の一部を失うなど、引き続き苦戦を強いられた。そうした状況で、一一月一九日には、前月二五日に首相に就任したばかりのスナクが、キーウを初めて訪問した。スナクはすでに積雪が始まっていたキーウで、イギリスが、一二五門の対空砲、無人機（ドローン）を探知するレーダーやドローンを無力化する電子戦兵器を含む防空システムを中心に、計五〇〇〇万ポンド（約八三億円）の追加軍事支援を行い、ウクライナ軍への訓練を拡充し、厳冬に向けて人道支援をより積極的に行うとして、支援の継続・拡大を表明した（『読売新聞』二〇二二年一一月二〇日；*Reuters*, 21 November 2022）。ロシア軍がミサイルやイラン製自爆型ドローンを用いた攻撃によってウクライナの電力や水道などの重要なインフラを集中的に破壊したため、ウクライナでは、大規模な停電や断水などが相次ぎ、特に厳冬期に暖房が確保できないことが懸念されており、スナクが表明した支援はそうした喫緊の課題に応えるものであったといえる。さらに、スナク政権は、二〇二三年一月一四日、欧米製の戦車の供与を強く求めるウクライナに対して、アメリカ（M1エイブラムス）やドイツ（レオパルト2）の供給発表に先んじて、主力戦車のチャレンジャー2を一四両供与すると発表し、ウクライナへの軍事支援に関する積極性と対応の速さをあらためて印象づけた。

おわりに

ウクライナ戦争の勃発以来、イギリスはアメリカに次ぐ規模でウクライナへの軍事支援を続けてきた。さらに、イギリスは、支援の規模ではアメリカに及ばないものの、限られた財政的資源の中で、その時々の戦況に応じた的確な支援を行うよう努めてきたと考えられる。また、ジョンソンやスナクのキーウ訪問に見られるように、政府トップ自らが、最も効果的と思われるタイミングで現地を訪れ、彼らがゼレンスキーと会談したり、肩を並べてキーウの街を歩いたりする姿が映像や画像で世界に広く伝えられたことに加えて、ウクライナへの追加支援を繰り返し表明するだけでなく、ロシアとの停戦交渉の計画推進を控えるべきというメッセージを発したことなども、イギリスの限られたパワーを最大限活用しようとするものであったと考えられる。

こうして、ウクライナ戦争の勃発を受けて、イギリス政府は、ＮＡＴＯ加盟国やＧ７諸国の中でも率先して対ロシア強硬路線をとり、ブレグジットによってＥＵに直接関与することができなくなった状況でも、国際的な影響力や存在感を発揮したといえる。何よりも、ジョンソン政権からスナク政権に至るイギリス政府が、アメリカのバイデン政権に次ぐ規模でウクライナに武器、資金、情報（インテリジェンス）、部隊への訓練などを提供したことが、ゼレンスキー率いるウクライナの粘り強い抵抗を支える重要な要因となった。そうした結果、ロシアのウクライナ侵攻は、短期間でのウクライナ制圧とゼレンスキー政権の転覆を狙ったプーチンの思うようには進まず、ロシア軍は大きな人的、物的損失を被っている。プーチンが、二〇一四年のクリミア併合やウクライナ東部の親ロシア派への軍事支援によって、「西側を力の限界に直面させることで不安定化させ、混乱させようとしていた」（クラステフ、ホームズ二〇二一、一八七頁）とすれば、ウクライナ戦争では、逆にプーチンが、力の限界に直面し、自らの権力を不安定化させ、混乱に追い込まれたといえるだろう。さらに、イギリス国防省は、アメリカ国防総省や米シンクタンクの戦争研究所（ＩＳＷ）などと並び、ウクライナ戦争に関するインテリジェンスや戦況・情勢分析を積極的かつ選択的に公表することで、ロシアに対する国際的な非難を維持・強化するとともに、各国からのウクライナへの支援の継続を後押しする役割も担っているといえる。

ただし、ウクライナ戦争への対応において、「ＮＡＴＯを中心とする欧州の安全保障構造、つまりＮＡＴＯの中心性」が維持される一方で（鶴岡 二〇二二、三九頁）、多くの場面でＥＵの存在感が薄れているのは確かだが（ただし、ＥＵも対ロシア経済制裁に加えて、ウクライナへの武器供与やウクライナ兵に対する訓練などは実施している）、ＥＵの存在感の希薄化は、二〇〇三年のイラク戦争の際などにも見られたことである。ウクライナ戦争への対応をめぐって見られる状況は、ＥＵの安全保障面での限界をあらためて示すものではあっても、ＥＵがあらゆる問題に関して無力であることを示すものではない。例えば、国際政治学やフランス政治に関する世界的な研究者として長年活躍し、二〇一五年に八六歳で逝去したホフマン（Stanley Hoffmann）は、イラク戦争の際のＥＵ諸国間の分裂を、次のように手厳しく論じた。「ＥＵは、この一部始終の中で何ら重要な役割を果たさなかった。シラクもブレアも、ヨーロッパを決して引き合いに出さなかった。彼らは国連について語ったが、ヨーロッパは非常に分裂した状態にあったので、それを強調することはあまり賢明ではなかったのだろう。一方はアメリカに傾き、他方は一定の国連の理念に傾斜したが、そのときヨーロッパは存在しなかった（at that moment there was no Europe）」（Hoffmann 2004, p. 64）。しかし、ホフマンも、ＥＵ自体の重要性を否定していたわけではない。むしろ、彼が長年にわたり関心を持ち続けた研究テーマのひとつは、欧州統合であった（Hoffmann 1966; Keohane and Hoffmann, eds. 1991）。

そして、「戦時」におけるＥＵの限界と、それにもかかわらず、ＥＵが多くの分野で重要性を有していることは、ウクライナ戦争の渦中にある二〇二二〜二三年の世界においても概ね当てはまると考えられる。さらに、ウクライナ戦争という「戦時」の状況は、仮に長期化したとしても、永続するものでない以上、イギリスにとって、ブレグジットによってＥＵの単一市場と関税同盟の外側に自国を置くことになっただけでなく、ヨーロッパ内外の様々な課題に関するＥＵ諸国間の情報共有、議論、決定などから排除されるようになったことの負の影響は、中長期的に、相当大きなものとして現れてくる可能性が高い。イギリスが直面するブレグジット、新型コロナウイルス感染症のパンデミック、ウクライナ戦争という「三つの衝撃」の中で、最も長引くのはブレグジットの衝撃ないし負の効果であろう。ウクライナ戦争がいつ、どのような終わり方をするのか、二〇二三年一月時点で見通すことは容易ではないが、「三つの衝撃」の間の相互作用がもはや存在しなくなったときにこそ、イギリスにとってより大きな困難が待ち構えていると考えるのは、悲観的に過ぎるだろうか。

（1）ロシアのウクライナ侵攻によって始まった戦争の呼称には様々なものがあり、少なくとも二〇二三年一月時点では、特定の呼称に収斂していない。ロシアのプーチン大統領は、ロシアの軍事行動を「戦争」と呼ぶことを避け、ウクライナを非軍事化および非ナチ化するための「特別軍事作戦」という表現に固執している。他方、英語圏のマスメディアでは、ウクライナ戦争（Ukraine War; war in Ukraine）、ロシア・ウクライナ戦争（Russia-Ukraine War）、ウクライナ紛争（conflict in Ukraine）などの様々な呼称が用いられているが、以下では便宜的に原則として「ウクライナ戦争」で統一する。

（2）新型コロナウイルスの感染拡大を受けたロックダウン（封鎖措置）の最中に首相官邸を含む政府機関で飲酒をともなうパーティーが繰り返し行われていたという不祥事。二〇二一年四月一七日に執り行われたエリザベス女王（Elizabeth II）の夫エディンバラ公フィリップ殿下（Prince Philip）の葬儀の前日も含む毎週金曜日に行われており、内輪では「金曜日のワインタイム（wine-time Fridays）」と呼ばれていたと報じられた。そして、首相官邸などでの「金曜日のワインタイム」とは対照的に、フィリップ殿下の葬儀では、社会的距離の確保を求める規制のため、女王は子供や孫たちからも離れて一人で着席せざるを得なかった。当時イングランドは二度目のロックダウンの期間中で、屋内での二人以上の集まりは、業務上の目的のために「合理的に必要な」場合を除き禁止されていた（CNN, 15 January 2022; BBC News, 23 May 2022）。

（3）ドンバス地方は石炭が豊富に採れる炭鉱および重工業地帯で、かつてソ連各地から労働者が集まったこともあり、ロシア語話者が多く居住している。

（4）クリミア半島は、歴史的にはロシア帝国が南下政策の過程でオスマン帝国から獲得し、ソ連時代の一九五四年にソ連内のロシア社会主義共和国からウクライナ社会主義共和国に移管された。クリミア半島の住民の多数派はロシア系で、半島南西部のセヴァストポリにはロシア黒海艦隊の司令部が置かれ、エリツィン（Boris Yeltsin）政権期の一九九三年には、ロシア最高会議がセヴァストポリの領有を決議したこともあった。そうした事情から、ロシアでは、二〇一四年のクリミア併合について、「併合」とは呼ばず、「復帰」や「編入」という表現を用いるのが一般的である。他方、ロシア帝国の南下政策は、イギリス帝国にとってしばしば最大の脅威と捉えられた。ロシア帝国がクリミア半島を完全にロシア領とした一七八三年に建設されたセヴァストポリは、クリミア戦争（一八五三～五六年）の主戦場となり、イギリス首相ディズレーリ（Benjamin Disraeli）は、露土戦争後のベルリン会議（一八七八年）でロシアの南下を阻止し、インド・ルートの要衝であるキプロス島の領有を確保した。イギリス外交史研究者のオッテ（T. G. Otte）は、一九世紀初めまで歴史を遡り、イギリスとロシアの間では、第二次世界大戦後の冷戦（Cold War）以前に、いくつもの「冷戦（cold wars）」があったと指摘する（Otte 2013）。代表的な冷戦研究者のウェスタッド（Odd Arne Westad）は、米ソ冷戦の起源を一九世紀末まで遡り、約一〇〇年間の歴史として描いたが（ウェスタッド 二〇二〇）、オッテの議論によれば、英露（英ソ）間の「冷戦」はその倍の長さの歴史を持つことになる。第二次世界大戦後の冷戦についても、その起源を英ソ対立とイギリスの外交政策に求める有力な学説がある。例えば、端的に『不可能な平和（*The Impossible Peace*）』というタイトルを付けられたデイトン（Anne Deighton）の研究書を参照（Deighton 1990）。

（5）テレグラムは、ロシアで開発された通信アプリで、通信記録が一定時間で自動消去され、メッセージを消去すると復元が困難であるなど通信の秘匿性も高い。ウクライナ戦争では、ウクライナ、ロシアの双方がしばしば情報発信のためにも用いている。

（6）戦後イギリス政治史においては、一九六二年三月にロンドン南東部郊外のオーピントン選挙区（中産階級の有権者が多く、保守党が堅固な基盤を持つ典型的な選挙区であった）で行われた補欠選挙で、当時支持率が低迷していた与党の保守党が自由党に議席を奪われたことがよく知られている。イギリス現代史研究者のクラーク（Peter Clarke）によれば、オーピントン選挙区は「一番堅固な保守党基盤を持つ郊外の代名詞」であり、「これは、補欠選挙における第二次大戦以降もっとも大きな番狂わせであった」（クラーク二〇〇四、二七〇頁）。

参考文献

O・A・ウェスタッド著、益田実監訳、山本健・小川浩之訳（二〇二〇）『冷戦――ワールド・ヒストリー』（上）（下）岩波書店。

小川浩之（二〇二一）「ＥＵ離脱とイギリスの安全保障――「内部からの脅威」としてのポピュリズムと欧州懐疑主義」『国際安全保障』第四八巻第四号、三九―五八頁。

小川浩之（二〇二三）「女王なき後の英連邦の行方」『Ｖｏｉｃｅ』二〇二三年一月号、一四〇―一四六頁。

ピーター・クラーク著、西沢保・市橋秀夫・椿建也・長谷川淳一他訳（二〇〇四）『イギリス現代史１９００―２０００』名古屋大学出版会。

イワン・クラステフ、スティーヴン・ホームズ著、立石洋子訳（二〇二一）『模倣の罠――自由主義の没落』中央公論新社。

鶴岡路人（二〇二〇）『ＥＵ離脱――イギリスとヨーロッパの地殻変動』筑摩書房。

鶴岡路人（二〇二二）「欧州は目覚めたのか――ロシア・ウクライナ戦争で変わったものと変わらないもの」『ウクライナ戦争と世界のゆくえ』東京大学出版会、三一―四五頁。

スティーブン・デイ、力久昌幸（二〇二一）『「ブレグジット」という激震――混迷するイギリス政治』ミネルヴァ書房。

細谷雄一（二〇一六）『迷走するイギリス――ＥＵ離脱と欧州の危機』慶應義塾大学出版会。

Deighton, Anne.（1990）, *The Impossible Peace: Britain, the Division of Germany and the Origins of the Cold War*（Oxford: Clarendon Press）.

Hoffmann, Stanley.（1966）, "Obstinate or Obsolete? The Fate of the Nation-State and the Case of Western Europe", *Daedalus*, Vol. 95, No. 3, pp. 862-915.

Hoffmann, Stanley, with Frédéric Bozo.（2004）, *Gulliver Unbound: America's Imperial Temptation and the War in Iraq*（Lanham, MD: Rowman & Littlefield）.

Keohane, Robert O., and Stanley Hoffmann, eds.（1991）, *The New European Community: Decisionmaking and Institutional Change*（Boulder, CO: Westview Press）.

Otte, T. G.（2013）, "'A Very Internecine Policy': Anglo-Russian Cold Wars before the Cold War", in Christopher Baxter, Michael L. Dockrill, and Keith Hamilton, eds., *Britain in Global Politics, Volume 1: From Gladstone to Churchill*（Basingstoke: Palgrave Macmillan）, pp. 17-49.

5 ロシア・ウクライナ戦争とフランス

宮下雄一郎

（みやした　ゆういちろう）
法政大学法学部教授
専門は国際関係史
著書に『フランス再興と国際秩序の構想――第二次世界大戦期の政治と外交』（勁草書房、二〇一六年）などがある。

はじめに

ロシア・ウクライナ戦争の勃発は、フランスにとってロシアが厄介な存在でありつつも、無視できないアクターであることを浮き彫りにした。「ロシア問題」にフランスの政治エリートが悩まされていることを際立たせるきっかけとなったのだ。この戦争でフランスはウクライナ支持の旗幟を鮮明に掲げ、多くの支援を実施している。それにもかかわらず、フランスのロシアに対する態度は時折「煮え切らない態度の外交」としての側面を表出させている。

エマニュエル・マクロンは大統領に就任以降、ロシアを大国間協調主義の枠組みに戻すことで、迷走する国際情勢を安定した軌道に戻す機会を探っていた。「西側」の指導的国家であるアメリカのドナルド・トランプ大統領が北大西洋条約機構（North Atlantic Treaty Organization：NATO）を批判し、「西側」の同盟をかき回し、イランの核問題などが迷走したからである。マクロンは、ウクライナ侵攻後のロシアについても、対話による事態の収束の機会を探っていた。すでに、フランスは、二〇一四年と二〇一五年、ウクライナとロシアとの間の停戦を持続的なものにすべく、ベラルーシのミンスクで合意を目指し、ドイツとともに仲介を行っていた。

もっともフランスとロシアとの関係が良好であったわけでは決してない。ロシアはフランスの大統領選挙に介入し、アフリカにおけるフランスのプレゼンスを脅かしたことは、確実にフランスにとって脅威であり、現状変更勢力であった。それでもマクロンは、国際秩序を維持する大国としての責務をロシアに呼び覚まそうとしていたのである。

だが、ロシアはそうした働きかけを逆なでにし続けた。現状変更を伴う外交や軍事力の行使を繰り返すロシアは「西側」の強い非難を浴び、経済制裁を受けながらも、安全保障理事会の常任理事国であるという「制度的特権」を享受している。国連からの追放も現実的ではない。フランスはロシアを非難し、モスクワのフランス大使館員が国外追放の対象になっても、外交関係は維持され続けている[1]。フランスにとって、ロシアは問題だらけの存在である一方で、外交上の対話は密であるべき存在であり、こうした点から無視できない大国なのだ。フランスの観点からこの戦争を論じた既存研究も、やはりロシアとの関係を軸に議論を展開している[2]。

　ドイツ問題とかつて言われたように、国際秩序の攪乱国家、あるいは潜在的攪乱国家と判断された場合に「問題」という言葉が付けられる。ロシアとの関係でいえば、フランスは、かつてのドイツとの間のような領土問題を抱えているわけではなく、潜在的敵国として扱いたいわけでもなかった。つまり、かつてのドイツ問題とは性質が異なり、「ロシア問題」については、同国の現状変更的な政策を改めさせたいという狙いであった。それがなかなかうまくいかないから「問題」なのだ。ロシア・ウクライナ戦争前のフランスの狙いは、世界的にはロシアも含めた大国間協調であり、地域的には欧州連合（European Union：EU）を軸としたヨーロッパの秩序の維持である。こうした姿勢はフランスの国際政治に関する現状認識に加え、旧来からの国際秩序構想が関係してくる。

　多くのフランスの政治エリートは、国際政治アクターとしてのフランスが戦略的自律を実現している状況を理想としている。その先にはEUの自律を見据えている。とはいえ、現実はフランスもEUも戦略的自律の達成からはほど遠いと言えよう。そうしたフランスは、アメリカ、中国、そしてロシアと外交面で渡り合うことによって自らの世界的なプレゼンスを高めようとしている。大国との関係を重視するということは、この三大国に比重を置いた外交を展開するということである。もとよりフランスがこの三か国と同等のパワーを得ようと考えているわけではない。そうではなくて、この三か国と積極的に関わり、その外交の帰趨に影響を及ぼすことで存在感を発揮しようとしているのである。つまりこの三か国にまつわる問題に関与し、それによってフランスの国際政治アクターとしてのプレゼンスを高めようというわけだ。

　フランスは民主主義の国家である。だが、非民主主義の国家との外交を忌避しているわけでは毛頭ない。フランスの世論は対象国の政治体制に左右されることなく積極的な外交を展開することでフランスの地位を高めることができると考えているのだ[3]。これらの国家を民主化しようという思惑に基づく外交の展開を目論んでいるのではなく、だからこそロシアへの「耐性」もある。これはフランスの世論だけではなく、政治エリートについても同じことが言える。

　とはいえ、ウクライナの抵抗に支援を与えていくなかで、ロシアを大国間協調の枠組みに戻そうとしていたフランスの姿勢も変化した。ロシア・ウクライナ戦争がフランスの外交姿勢にどのような影響を及ぼしたのか。それを理解するための考察を本章で行いたい。

1　フランスの期待を踏みにじるロシア

大統領に就任して直後のマクロンは、ロシアを国際秩序の現状維持を担うアクターになってもらいたいという理想を抱きながら外交を展開した。ところが、ロシアは、このフランスの思いを容赦なく踏みにじってきた。このことは米中ロのような「最上位」の大国ではないフランスが戦略的に自律するためには、自国の力だけではどうにもならないことを意味する。「最上位」の国家にもフランスの自律を尊重してもらう必要があり、戦略的自律は本質的に国際秩序の安定を前提としていると言えよう。中国やロシアがフランスをないがしろにする外交姿勢をとり、それを実践した場合、戦略的自律が望ましいかたちで実現する余地はそもそもないのである。フランスが戦略的自律を成就するためには、他の大国がそれを尊重する必要があるという、大国の対仏対応に依存する多分に逆説的な要素を含んでいるのだ。

とりわけロシアは、フランスが安全保障上も関与し、活発な外交活動を展開してきたアフリカで、こうした地盤を切り崩す動きを露骨に行っている。アフリカでも、ウクライナと同じく、ロシアの民間軍事会社ワグネルが切り崩しの道具として使われてきた。こうした非政府アクターを利用することで、ロシアはフランスの排除に関する公的な責任を回避しつつ、アフリカにおける自国の政治的な影響力を増大させようと試みている。

サヘル地域におけるイスラム教の過激派軍事勢力の鎮圧を期待され、マリ政府の要請に基づき、フランスは同地域に軍事介入を行った。二〇一三年一月一一日、「セルヴァル」と銘打たれた作戦が開始され、過激派勢力に抑えられていた都市や空港などをフランス軍が解放し、マリを訪問した時のフランスの大統領フランソワ・オランドは解放者として迎えられた。ところがマリ北部の主要な町であるキダルが反乱を起こした勢力に奪取され、フランス軍は介入すべく、二〇一四年八月一日、「セルヴァル」に代わり、新たに「バルカンヌ」と銘打たれた作戦を実施した。この手の内乱に頻繁に見られるように、政府軍と反乱勢力との間での停戦のための協定が締結されても、それが守られず、むしろ紛争は周辺国に拡大するに至った。紛争拡大を経ても、マリがフランス軍のサヘル地域での活動の中心地であった。ところが、そのマリでクーデターが二度にわたって勃発し、マリ政府は著しく弱体化し、フランス軍の活動は難しくなった。結果、二〇二一年六月一〇日、オランドの後任のマクロン大統領は段階的な軍事展開の縮小を発表したのである。治安維持に腐心するマリ政府にとっては悲報であり、両政府の関係は悪化した。この隙を狙ったのがロシアである。ロシアは正規軍ではなくワグネルの戦闘員を展開させただけではなく、フランスの影響力を弱体化させるための宣伝活動を行った。二〇二二年七月一日、フランスを軸としたＥＵのタスクフォースである「タクバ」も活動を終焉させるに至り、マリ政府のロシア依存はさらに高まった。

この事例から見えてくるのは、ロシアの国際政治の舞台での関与の方法と大国との関係である。すなわちワグネルを利用した脆弱な地域への政治的・軍事的浸透であり、それに伴う大国との軋轢を厭わない姿勢である。(4) フランスからしてみれば、ロシア・ウクライナ戦争を待たずにロシアの非友好的な外交と軍事的挑発に悩まされていたことを意味する。ワグネルは、フランスを筆頭とするEUの去ったマリで一〇〇〇人から一一〇〇人に及ぶ兵力を展開していると言われており、そこでは凄惨な活動を繰り広げることもある。フランスも黙って見ているわけではなく、懸命にワグネルによる逸脱行為を調べ、それを根拠とともに公開している。その目的はワグネルの弱体化であり、その背後にあるロシアのアフリカでの影響力を削ぐことである。

ロシアはフランスの影響力の強かった地域で露骨な反仏活動を繰り広げているのであり、フランスに敵対的な行動をとっている。そうしたロシアの策謀にアフリカの人々も共感するようになり、フランスへの敵対応は広がっている。それでもフランスは、ロシアを過剰に刺激することは避け、とりわけ現地ではフランス軍とワグネルが直接鉢合わせになることを避けている。ロシア・ウクライナ戦争を待たずして、フランスにとってロシアは厄介な存在であったのだ。

2　フランスとウクライナ支援

フランソワ・ミッテラン大統領の外交顧問を務め、一九九七年から二〇〇二年にかけてフランスの外相を務めた、フランス有数の外政家ユベール・ヴェドリーヌは、フランス外交の特徴を日刊紙のインタビューで次のように端的にまとめている。「フランスは西洋の国家だが、それにとどまらない」、「フランスはアメリカの友好国であり、同盟国である。しかし、常に同調するわけではない」、「EUの必要不可欠な加盟国であり、その原動力の一つだが、それだけではない」。「フランスは独自の歴史、固有の国益、自律した思想と決定、文化、フランス語圏等々」を有している、とのことだ。そしてフランス外交は「人権主義（droit-de- l'hommisme）」という人権を金科玉条のように祭り上げ、あらゆる課題に優先させようとするような方針をとってはならないと論じ、人権は絶対的なものではなく、外交課題の一つであると論じた。唯一、他の課題に勝るのが安全保障とのことだ。そして「価値の外交」が「国益の外交」に取って代わるとは考えにくいと述べた。(5) 見事にフランス外交の特徴をまとめており、第五共和制の初代大統領シャルル・ド・ゴール将軍やミッテランがこうした外交を体現した代表的な政治エリートとして登場する。インタビュー当時のオランド大統領に続き、マクロン大統領もまた、こうした姿勢を受け継いでいると言えよう。

フランスに限らず、主権国家は権力政治と無縁でいられるわけではない。しばしば浮かび上がるマクロンの中国やロシアに対する配慮とも受け取れる発言は、そうした国際政治の特徴がにじみ出た結果である。しかし、ヴェドリーヌの前述の議論は人権が権力政治を構成する要因の一つになると述べたのであり、それをないがしろにしてもよいと論じたわけではまったくない。軍事力の衝突を基礎とする戦争にも「道義の筋道」とも言える価値の体系の論理は含まれているのであり、ロシア・ウクライナ戦争をめぐるフランス外交にはそれが色濃く出ている。マクロンとウクライナのゼレンスキーの会談には、開戦以降のフランスの対応がこうした道義の点も含めてまとめられている。

二〇二三年五月一四日、マクロン大統領は、パリでゼレンスキー大統領と会談した。そして会談終了後、共同声明を発表した。フランスは、ウクライナにとって最も重要なことは領土の一体性を維持することであり、このことに対し「揺らぐことのない支持」を与えたのである。

ゼレンスキー大統領は、二〇二二年一一月、「平和の公式」と呼ばれる、ロシアとの和平実現のための条件を明示した一〇項目を発表し、フランスはこれに支持を与えた[6]。こうした外交路線に基づき、翌一二月一三日、パリで国家、EU、そして国際機関の合計七〇近い代表を集めたウクライナ支援のための国際会議が開催された。この会議で、フランスのカトリーヌ・コロナ外相が強調したのが「実効的な支援」をウクライナに行うことであった[7]。一二月に実施したこともあり、大きな目的はウクライナの国民が冬を乗り越えられるための支援を行うことであった。マクロン大統領は会議でウクライナの電力などのインフラ攻撃を続け、市民の窮乏を引き起こしているロシアを「卑怯」という強い言葉で避難し、さらに「戦争犯罪が処罰されないことはない」と厳しく批判した[8]。この会議でエネルギー、水道や医療分野で総額一〇億ユーロを超える支援が表明された。しばしばフランスはその国力の割には相対的に対ウクライナ支援が少ないと批判されるが、フランスは金額よりも実効的な支援を行っていることを強調した。

ロシアに対する「煮え切らない態度の外交」を批判されることもあるフランスだが、軍事支援に関しては、フランス外務省によると世界五位に位置し、ウクライナに対し強力な梃入れを行っている国家の一つだ。とりわけ防空システム強化のため、自走榴弾砲「カエサル」をパリの国際会議の段階では一八門提供していたが、二〇二三年一月下旬、フランス政府は追加で一二門を提供すると発表した。軽戦車とも呼ばれる戦闘用の装甲車「AMX-10RC」を早期に提供し、これがその他の国の戦車供与への前例となった。さらに、アメリカがF-16を使ってウクライナの戦闘機パイロットを養成しているように、フランスもミラージュ2000を使って約三〇名のウクライナのパイロットを訓練している。これはフランスが戦闘機の供与を選択肢として掲げていることの証左である[9]。そしてフランスは一〇万人近い戦火から逃れてきたウクライナ人を受け入れている。ロシアの戦争犯罪への対処として、法医学の専門家を派遣し、合計二台の移動式DNA分析ラボを提供した。[10]これは遺体を分析するために必要な装置を備えた軽トラックのようなもので、フランスの民間企業が内務省管轄の研究機関と協力してつくったものである。

また、二〇二一年に創設され、EUの本予算とは別枠で設けられた安全保障関連の基金である「欧州平和ファシリティ（European Peace Facility：EPF）」に五億五〇〇〇万ユーロを拠出し、基金予算の二〇％を占めるに至っている。EPFがEUの対ウクライナ軍事支援の主要な枠組みであることを踏まえれば、フランスがEU加盟国のなかでも有数の支援国であることがうかがえる。

3　フランスと国際秩序

ロシア・ウクライナ戦争に直面したフランスが目指していることは以下の点に集約できるであろう。第一に、ウクライナの勝利のため、喫緊を要する兵器の提供を含め、幅広い支援を行っていることである。前述のDNA鑑定が可能な移動型の「実験施設」を二台供与したことがその典型例である、供与にとどまらず、ウクライナの内務省と司法省の担当官が施設を円滑に運用できるための訓練も行った。[11]フランス政府もこの移動型施設の供与を主要なウクライナ支援策と位置づけ、五月一五日の共同宣言でも言及が行われている。[12]

第二に、ロシアを交渉の場に引きずり出すことを理想の戦争の終幕と考えていることである。マクロンは、二〇二二年一一月一五日、「平和の公式」を尊重し、国際社会で、そして外交の舞台で支持を訴えていくことをゼレンスキー大統領との電話会談の際に明言した。[13]つまり、ロシアとの交渉といっても、この「平和の公式」を土台に実施するということであり、ウクライナの要求をロシアが受け入れることを前提にしている。

フランスは均衡と協調を併せ持つ大国間関係を重んじ、大国間協調主義を理想としている。だからこそ、ロシアを「辱めるような状況に追い込むこと」を警戒し、同じく現状変更勢力である中国を刺激するような外交を嫌う。だが、ロシア・ウクライナ戦争における、ロシアの侵攻正当化の論理はフランスにとって到底納得できるものではない。フランスはロシアとの対話を否定しているわけではない。しかし、ロシアによるウクライナへの侵攻の正当化は欺瞞に満ちたものであり、脅威認識が一層高まったと言えよう。

フランスのウクライナへの支援と支持は、マクロンの言うように「揺るぎないもの」である。ロシアを懐柔し、先進国による国際秩序に引き戻そうとする外交を大統領就任早々に始めたマクロンの挑戦は早くから難航したが、ロシアによる侵攻という形で戦争が始まったことにより、マクロンの懐柔策は頓挫を余儀なくされた。そしてマクロンはウクライナのNATO加盟を支持するようになった。外交の限界が明白となるなか、ロシアへの配慮が後景に退いたことを意味する。さらに二〇二三年六月二三日、EUの加盟候補国となったウクライナの加盟に向けた動きを加速させることを望むようになった。開戦を受け、ロシアや中国に対し配慮を示すことはあっても、フランスが「西側」の国家であることをあらためて思い起こさせたといえよう。ロシアへの配慮はあくまでもウクライナが有利なかたちでの終戦を実現するための方策である。

（1）　実際、ウクライナはロシアの国連追放、安保理の常任理事国の地位剝奪を求めたとのことである。『日本経済新聞』（二〇二二年一二月二七日）（URL: https://www.nikkei.com/article/DGXZQOGR26C8B0W2A221C2000000/）（二〇二三年七月一七日閲覧）

（2）　遠藤乾「フランスとウクライナ戦争――マクロン流安全保障政策の論理」『安全保障研究』第五巻第一号（二〇二三年三月）、一九―三一頁。

（3）　宮下雄一郎「フランスと「戦略的自律」をめぐる政治」、日本国際問題研究所編『戦禍のヨーロッパ――日欧関係はどうあるべきか』（日本国際問題研究所、二〇二三年）、七四―七五頁。

（4）　二〇二三年八月二三日、ワグネルの指導者であるエフゲニー・プリゴジンが死亡し、ワグネルの帰趨については不明瞭な点がある。しかし、ワグネルがアフリカで構築した地歩をプーチンをはじめとしたロシアの政治エリートが弱体化させるとは考えにくく、影響力を維持、強化するための施策が練られると思われる。

（5）　Hubert Védrine, "Un pays qui ne defend pas ses intérêts n'est pas pris au sérieux quand il invoque ses valeurs," *Libération*, 29 mai 2015（URL: https://www.liberation.fr/planete/2015/05/29/un-pays-qui-ne-defend-pas-ses-interets-n-est-pas-pris-au-serieux-quand-il-invoque-ses-valeurs_1319386/）（二〇二三年六月五日閲覧）

（6）　「平和の公式」については、以下のオンラインで発表されている論稿を参照。東野篤子「ウクライナが求める「平和の公式」という停戦条件――開戦から1年半、和平交渉のために必要なこと」、東洋経済ＯＮＬＩＮＥ（二〇二三年七月一〇日）（URL: https://toyokeizai.net/articles/-/684901）（二〇二三年七月一七日閲覧）

（7）　*Le Figaro*, 13/12/2022（URL: https://www.lefigaro.fr/international/a-la-conference-de-paris-les-soutiens-de-l-ukraine-lui-promettent-deja-400-millions-d-euros-d-aides-20221213）

（8）　Ibid.

（9）　Dossier de Presse, Présentation de la conférence «Solidaires du peuple ukrainien», Ministère de l'Europe et des Affaires étrangères, Paris, 13 décembre 2022,（URL: https://www.diplomatie.gouv.fr/IMG/pdf/fr_a4_meae_dp-confukraine-2022_v1-5_cle0145a1.pdf）

（10）　Ibid.

（11）　Ambasade de France en Ukraine, Remise d'un laboratoire mobile d'analyses ADN à la Procurature Générale d'Ukraine（le 20 juillet 2022),（URL: https://ua.ambafrance.org/Remise-d-un-laboratoire-mobile-d-analyses-ADN-a-la-Procurature-Generale-d）（二〇二三年七月一〇日閲覧）

（12）　Déclaration commune de la France et de l'Ukraine, Publié le 15 mai 2023（URL: https://www.elysee.fr/emmanuel-macron/2023/05/15/declaration-commune-de-la-france-et-de-lukraine）（二〇二三年七月一〇日閲覧）

（13）　"Guerre en Ukraine : Macron assure à Zelensky qu'il soutiendra son plan de paix," *Le Figaro*, Publié le 19/02/2023（URL: https://www.lefigaro.fr/international/guerre-en-ukraine-macron-assure-a-zelensky-qu-il-soutiendra-son-plan-de-paix-20230219）（二〇二三年七月一一日閲覧）

6 ドイツにとってのロシア・ウクライナ戦争
――「時代の転換（Zeitenwende）」をめぐって

板橋拓己

（いたばし　たくみ）
東京大学法学部教授
専門は国際政治史、ドイツ政治外交史
著書に『アデナウアー――現代ドイツを創った政治家』（中央公論新社）、『黒いヨーロッパ――ドイツにおけるキリスト教保守派の「西洋（アーベントラント）」主義、一九二五－一九六五年』（吉田書店）、『分断の克服1989-1990――統一をめぐる西ドイツ外交の挑戦』（中央公論新社）などがある。

はじめに

ロシアによるウクライナ侵攻から三日後の二〇二二年二月二七日、ドイツのオラフ・ショルツ首相が連邦議会の特別会議で行った演説は画期的なものとなった[1]。それまでの政策を転換し、ウクライナへの武器供与、ロシアに対する厳しい経済制裁、防衛費の増額、ロシアへのエネルギー依存からの脱却などに踏み切ることを表明したのである。この演説は、ドイツの外交・安全保障政策の劇的な変化を予告するものであり、国際的にも大きな反響を呼んだ。あるいは、衝撃を与えたと言ってもよいかもしれない。

無理もなかろう。二〇二一年一二月に発足したショルツ政権――社会民主党（SPD）、緑の党、自由民主党（FDP）の三党連立。各党のシンボルカラーから「信号連合」と呼ばれる――は、ロシアがウクライナ国境付近に軍を集結させるなか、ロシアに対して曖昧で煮え切らない態度をとり、同盟国から不信の目で見られていた。ショルツは、ロシアとドイツを直接結ぶ海底ガス・パイプライン「ノルト・ストリーム2」の認可停止を渋っていたし、ウクライナへの武器供与も拒んでいた。二〇二二年一月二六日、各国が武器供与を相次いで表明するなか、ドイツはウクライナに連帯の証として軍用ヘルメット五〇〇〇個を送ったが、これは逆にウクライナおよび同盟国の失望ないし失笑を招いた。同月末には駐米ドイツ大使エミリー・ハーバーが本国に向けて、合衆国でドイツは「信頼できないパートナーと見なされている」と忠告したし、ラトヴィアの国防相アルティス・パブリクスにいたっては、ドイツは「非道徳的で偽善的だ」とまで発言していた[2]。他方で、インフラテスト・ディマップ社による二〇二二年二月三日時点での世論調査によると、ドイツ人の七一％はウクライナへの武器供与に反対し、「ノルト・ストリーム２」の停止に賛成するドイツ人は二九％に過ぎなかった(3)。つまり、ショルツ政権の躊躇はドイツ世論を反映していたとも言える。

しかし、「プーチンの戦争」がドイツを変えた。すでに二〇二二年二月二二日、ショルツは「劇的に変化した状況」に鑑み、「ノルト・ストリーム２」の認可手続き停止をついに表明した。そして、二四日のロシアによるウクライナ侵攻を受けて、ドイツの動きも加速する。二六日にベルリンを訪問したポーランドのマテウシュ・モラヴィエツキ首相が、ドイツは「エゴイズム」から脱却せよとカメラの前で叱咤したことも刺激となった。その日、ショルツは対戦車兵器一〇〇〇基、携帯型地対空ミサイル「スティンガー」五〇〇基をウクライナに供与すると発表した。また、やはりそれまで躊躇っていたロシアのＳＷＩＦＴ（国際銀行間通信協会）排除にも同意した。そして、二七日のショルツ演説にいたる。「ほんの数日間でドイツの外交政策が一八〇度転換した」のである(4)。

ドイツは本当に「覚醒した」のだろうか。そして、今次のロシア・ウクライナ戦争は、ドイツ外交の歴史のなかでいかなる意味をもつのだろうか。ショルツは前述の演説の冒頭でこう述べている。「二〇二二年二月二四日は、われわれの大陸の歴史における時代の転換を示しました。……われわれは時代の転換を経験しています」。この演説で繰り返された「時代の転換（Zeitenwende）」という言葉は国際的にも人口に膾炙し、二〇二二年一二月にドイツ語協会（ＧｆｄＳ）は「今年の言葉（Wort des Jahres）」に「Zeitenwende」を選出した(5)。

では、いかなる「時代」のいかなる「転換」なのか。ここで問われているのは、とりわけ冷戦終結以降のドイツ外交の世界観であり、「ポスト冷戦」時代のドイツ外交のあり方に他ならない。そこで本章では、まず第一節でショルツ演説とそれがもたらした反響を検討する。次に第二節では、連立政権内の考え方の相違や、首相のリーダーシップの問題に焦点を絞りながら、「転換」に苦闘するドイツを検討する。最後に第三節では、さらに長期的な視座から冷戦後のドイツの外交・安全保障政策を俯瞰し、どのように「ポスト冷戦」期のドイツ外交が形成されたのか、そしていま何が「転換」しようとしているのか（あるいは何が変わらないのか）を展望する。

1　「時代の転換」？

(1) ショルツ演説を振り返る

ここで二〇二二年二月二七日のショルツ演説の具体的な中身を確認しよう(6)。すでに述べたとおり、本演説のキーワードは「時代の転換」（公式の英訳版では watershed）であり、約三〇分の演説のなかで五回も出てくる。まさにプーチンの侵略によって時代が変わってしまったのだ。ショルツは言う。「もはや世界は、それ以前の世界とは同じではありません」。「プーチン大統領はウクライナへの侵攻によって新しい現実を創り出したのです」。この「新しい現実」を前にして、「われわれの自由、民主主義、豊かさを守る」ために、「われわれ自身に強さが必要です」とショルツは主張する。

このショルツ演説は、ドイツが取り組むべき課題を五つ挙げ、各々に応じた具体的対策を論じるという構成をとっている。まず第一の課題は、「絶望的な状況にあるウクライナを支援する」ことである。このためにドイツは、紛争当事国に殺傷能力のある武器を供与しないという原則を覆し、ウクライナへの武器供与を決断した。

第二の課題は、プーチンに戦争をやめさせることである。そのためドイツは、ロシアのSWIFT排除などを含む「未曽有の規模の制裁パッケージ」を決定した。ここで注意すべきは、ショルツがあくまでこの戦争を「プーチンの戦争」と呼び、ロシア市民には連帯を呼びかけていることである。「第二次世界大戦後のドイツ人とロシア人との和解は、われわれ共通の歴史の重要な一章であり続けます」とショルツは強調している。

第三の課題は、戦争が他のヨーロッパ諸国に波及するのを防ぐことである。ここで求められるのはNATOの結束であり、そのためにドイツはNATO東方、すなわちリトアニアやルーマニアやスロヴァキアの防衛強化への貢献にいっそう努めるとされる。

第四の課題は、ヨーロッパの平和を守り、「われわれの自由と民主主義を守る」ことである。それには連邦軍の強化が必要であり、そのためショルツは、二〇二二年に一〇〇〇億ユーロ（約一四兆円）の「特別基金」を計上し、さらに「今後毎年、GDPの二%以上を防衛費として投じる」とした。そしてかかる措置は、同盟国からの要請というだけでなく、「われわれ自身の安全保障のため」に必要だと説明された。

またショルツは、NATOの核共有のため、老朽化した「トーネード」の後継として、ステルス戦闘機F-35の購入も視野に入れると述べた（実際、翌三月にはクリスティーネ・ランブレヒト国防相がF-35の調達を表明）。

さらに、ロシアに依存しない安全なエネルギー供給の確保も強調された。「将来を見通したエネルギー政策は、われわれの経済や気候にとって決定的なだけでなく、われわれの安全保障にとっても決定的に重要なのです」とショルツは主張する。そのために、たとえばガス備蓄の拡大やLNG基地二つの新設が約された。

第五の課題としては、できる限り外交による問題解決を引き続き追求することが挙げられる。もちろん、現在のロシア側に対話の姿勢は欠けている。しかし、ドイツとしては、あくまでロシアとの対話は拒まず、「この極限状況でも対話のチャネルを開けておくことが外交の使命です」とショルツは述べている。

こうして五つの課題を説明したショルツは、最後にドイツの歴史的な責任について強調する。「われわれ自身の歴史に鑑みても、われわれが何に責任を負うのかは明らかです。われわれはヨーロッパの平和に責任を負っています」と。

（2）ショルツ演説への反響

後段でも述べるように、ドイツ外交には、冷戦期の西ドイツ時代にまで遡り、半世紀以上をかけて根付いていた二つの原則がある。ひとつはヴィリー・ブラント首相（在任一九六九〜七四年）の「新東方政策」以来のロシア（冷戦期のソ連）に対する「接近による変化（Wandel durch Annäherung）」政策であり、もうひとつは「抑制の文化（Kultur der Zurückhaltung）」、すなわち軍事的な面では自己抑制に努める原則である。ショルツ演説は、この二つの原則からの逸脱を意味していた。

この衝撃的な演説の後、連邦議会は異様な雰囲気で進んだ。[7]自党の選挙公約で「防衛費GDP二％」に反対し、ウクライナへの武器供与にも反対していた緑の党のアンナレーナ・ベアボック外相も、次のように述べて路線転換を正当化した。「このプーチンによる国際法違反の侵略戦争を経て、われわれの世界はいまや別のものになってしまった。〔……〕われわれの世界が別のものになったのならば、われわれの政策もまた、別のものにならねばならない」。[8]財務相でありFDP党首のクリスティアン・リントナーは、ロシアへの経済制裁がドイツ経済に打撃を与えるとしても、それは「自由に伴う代償」だと言い切った。[9]SPDの連邦議会院内総務であり、平和主義者で知られるロルフ・ミュッツェニヒでですら、防衛費GDP二％に賛成した。緑の党のローベルト・ハーベック経済相は、「無条件の平和主義という立場」について、「わたしは尊重するけれども、それは間違っていると考える」と発言した。[10]

二〇二二年二月二六日から二七日にかけての政策転換について、ショルツ首相は、首相府長官のヴォルフガング・シュミットや政府報道官のシュテフェン・ヘーベストライトら四人の側近との協議を経たうえで、ほぼ独りで決断していったようだ。[11]閣議も開かれず、個別の案件について担当閣僚に電話で承諾を得る程度であった。また、二七日の演説内容についても、連立相手はおろか、自党SPD所属の閣僚にも、ほとんど事前に知らせていなかったという。[12]

とはいえ、演説の直後は、最大野党のキリスト教民主同盟・社会同盟（CDU／CSU）を含む主要政党も世論も、ショルツ首相の決断を概ね支持した。連立与党内で反対したのは、SPD内の左派や、緑の党の青年部くらいである。また、演説翌日の二八日の世論調査（Forsa社調べ）では、ウクライナへの武器供与について「正しい」と答えたドイツ人が七八％（「正しくない」は一六％）。同じく、防衛支出の即時増額に賛成するドイツ人も七八％であった。[13]わずか数週間で世論も逆転したのである。

（3）国際的な期待と失望の狭間で

かかるドイツの変化を前にして、内外の識者は次々に驚きを表明した。高級週刊紙『ツァイト』の編集者は、ドイツの外交・安全保障政策の「青春時代ないし未成年期は終わった」と評した。[14]米ジョンズ・ホプキンス大学の現代ドイツ研究所（AICGS）の所長ジェフ・ラスキは「プーチンは意図せずしてドイツに革命を起こした」と表現した。[15]米シンクタンクのドイツ・マーシャル財団（GMF）の著者たちは「いま世界が目撃しているのは、自由民主主義的な諸価値を守るためには軍事力を行使することを厭わない、第六のドイツの誕生である」と述べた（歴史家のフリッツ・スターンが言う「五つのドイツ」、すなわちヴァイマル共和国、ナチ体制、西ドイツ、東ドイツ、統一ドイツに次ぐ「新しいドイツ」の誕生ということ）[16]。

同盟諸国も「眠れる巨人」ドイツの「覚醒」を歓迎した。だがしばらくすると、本当にドイツは「起きた」のかと、懐疑的な声が広がっていく。実のところ、ドイツには「前科」がある。たとえば、二〇一四年のミュンヘン安全保障会議でドイツの指導者たちは「新しい責任」への自覚を表明し、軍事力の行使も含む連邦軍の積極的な活動を約束したが、それは口だけで果たされなかった。ドイツ外交を観察してきた者のなかには、この二〇一四年の再来ではないかと当初から懐疑的な向きもいた。

それゆえにドイツの初動に注目が集まったが、結局のところそれは、ショルツ演説の内容の革命性に比して、鈍いと受け止められても仕方ないものとなった。とりわけ批判の的となったのが、武器供与の問題である。まず、ゲパルト自走対空砲といった重火器の供与が決定されたのは四月二六日で、ショルツ演説から二か月かかった。そのゲパルトがウクライナに到着したのは七月末であり、さらに三か月かかったことになる。いわゆる「リング・スワップ（Ringtausch）」（ポーランドやスロヴァキアなど旧東欧諸国が冷戦時代のソ連製兵器をウクライナに供与し、その埋め合わせとしてドイツが西側の兵器を旧東欧諸国に供与するというもの）も遅れた。八月二四日にショルツ首相は防空システムIris-Tをウクライナに供与することを発表するも、到着は一〇月だった。ウクライナやポーランド、バルト諸国の厳しい非難もあり、ドイツの武器供与の鈍さは国際的にも注視され、非難された。五月には前述のラトヴィア国防相パブリクスが、ドイツへの信頼は「ゼロに近い」と述べている。

その他の領域でも「言行不一致」は指摘される。たとえば、今後継続的に防衛費GDP二%を達成することは、どうやらできそうにない。ケルンのドイツ経済研究所の試算によれば、二〇二三年および二六年以降は二%目標を達成できないという。[17]

2　多国間主義・不戦主義・人道主義

(1) 平和主義の分岐――緑の党とSPD

なぜこうした状況が生じるのか。本当にドイツは「覚醒」するのか。戦争の帰趨や国際的な状況も重要だが、ここでは、ドイツの安全保障政策の「転換」（あるいは継続ないし停滞）を規定する重要な要因として、連立政権内の緊張関係に着目したい。

前述のようにショルツ政権は、「信号連合」という、志向の異なる三つの政党の連立政権である。そして、このたびの安全保障政策の転換をめぐっては、連立三党はそれぞれ、自党のアイデンティティに反する決定を受け入れる必要があったし、これからもある。SPDは、もともとロシアとの経済交流を通した和解（前述の「接近による変化」）を重視してきた政党だし、平和主義的傾向も強い。緑の党も、そもそも平和運動に源流をもつ政党である。さらにFDPは緊縮財政を重視してきた政党である。

すでにFDPは、二〇二三年以降の「債務ブレーキ」（原則として起債によらずに財政を均衡させねばならないという基本法の条項）の遵守を求めている。とはいえ、最も注目すべきは、どちらも平和主義的な政党と見なされてきた連立第一党のSPDと第二党の緑の党が、ロシアのウクライナ侵攻後に示した分岐である。

何よりも緑の党の「変貌」は、多くの識者も驚かせた。そもそも緑の党は軍事支出には抑制的で、ウクライナへの武器供与にも否定的だった。それが前述のように、ロシアによるウクライナ侵攻によって態度に変化が見られ、ブチャでの虐殺が明るみに出てからは、ウクライナへの重火器供与に最も積極的な政党となった。驚くべきは、党指導部や議員たちだけでなく、一般の支持者層もそうした路線に概ね肯定的なことである。

とはいえ、緑の党には、人権を守るためならば武力行使もやむをえないと考える、いわゆるリベラル・ホーク的な側面が以前からあった。古くはヨシュカ・フィッシャー外相（在任一九九八〜二〇〇五年）が、「アウシュヴィッツを繰り返させてはならない」という理屈で、一九九九年のNATOによるコソボ空爆への参加を正当化している――このときは党内から強い批判を浴びたが。緑の党の人びとは今回のロシアによる侵攻を「帝国主義戦争」あるいは「植民地主義的戦争」と見なしており、「帝国主義」や「植民地主義」に対抗するための軍事力ならば正当化されるというのが彼らの論理である。しばしば指摘されるように、緑の党内には「原理派（フンディ）」と「現実派（レアロ）」という二つの潮流が存在し――ベアボック外相やハーベック経済相は後者に属する――、前者のほうが平和主義的色彩は強い。しかし、今回は「原理派」に属する人びとも、重火器を含むウクライナ支援に賛同しているのが特徴である。

このように「覚醒」した緑の党に対して、SPDの動きは微妙である。そもそも対ソ・対ロ関係重視は、戦後初の自党出身の首相であるブラントの「東方政策」以来、SPDのいわば「伝統」「お家芸」であった。もちろん冷戦時代に推進されたブラントの東方政策は、東側の人びとの「人間的苦痛の軽減」を第一の目的としており、東ドイツを含む東側諸国との緊張緩和のため、まずはその領袖たるソ連との関係改善をめざしたものだった。その意味で、現在とは文脈は異なる[18]。ただ、その過程で、一九七〇年には西ドイツがパイプラインのための資材を輸出し、ソ連が西ドイツに天然ガスを輸出するという協定が締結されている（ソ連のガスが西ドイツに流れ始めるのは七三年[19]）。そこには、経済的な相互依存こそが政治的な関係改善につながるという信念もあった。たとえば、やはりSPD所属のヘルムート・シュミット首相は、一九八〇年にカーター米大統領に対して、「互いに深い貿易関係にある者同士は撃ち合わないものだ」

と述べている[20]。その翌年、シュミットは「世紀の取引」と呼ばれるほど大型の天然ガスに関する契約をソ連と結んだ。エネルギーをめぐるソ連との協調は、とりわけＳＰＤの政治家にとっては、経済的なものである以上に、緊張緩和や「平和」と結びついた政治的な問題であった。

それゆえ現在、ＳＰＤの重鎮の何人かは過去のロシアとの関係の清算を迫られている。たとえば現大統領のフランク＝ヴァルター・シュタインマイアーは、四月一三日にバルト三国の首脳とともにキーウを訪問する予定だったが、メルケル政権の外相時代（在任二〇〇五～〇九、一三～一七年）のロシア融和政策を問われ、ウクライナ側から拒否された（訪問は同年一〇月にようやく実現）。また、元首相（在任一九九八～二〇〇五年）のゲルハルト・シュレーダーは、プーチンと親密な関係を築き上げ、首相退任直前にノルト・ストリーム計画に署名し、退任後にロシア国営ガス会社ガスプロムの招きに応じ、ノルト・ストリームＡＧの取締役会議長に就任、以後ロシアのエネルギー関連会社の重役（たとえば国営石油会社ロスネフチの監査役会会長など）を歴任した。クリミア侵攻後もプーチンを擁護し続けるシュレーダーのような人物はさすがに例外的とはいえ、現在のＳＰＤの重鎮の多くが対ロ関係重視である（であった）こともまた否めない[21]。

ＳＰＤ党内の平和主義も根強い。二〇二二年六月二二日の党集会で党首のひとりラルス・クリングバイルが「時代の転換」について演説し、ドイツはヨーロッパにおける「指導国（Führungsmacht）」とならねばならないこと、また「現実主義的な平和政策」として「軍事力も政治の正統な手段として考える」必要があることを説いた[22]。この演説に対し、カーチャ・マストら党内左派に属する連邦議会議員たちがすぐさま反発した。たとえば、党内左派で連邦議会議員のゼバスティアン・ローロフは「そうしたテーゼは党内で話し合わねばならない」と批判し、同じく連邦議会議員で左派のラルフ・シュテグナーも「われわれの歴史に従えば、ドイツは軍事的な指導的役割など引き受けるべきではない」と述べている。また、ＳＰＤの青年部であるユーゾーのリーダー、ジェシカ・ローゼンタールも、「ドイツの役割に関する全く誤った理解だ」と非難した[23]。

このように、これまでどちらも左派的で平和主義的とされてきたＳＰＤと緑の党だが、ロシア・ウクライナ戦争における「平和」の意味をめぐっては、鋭く対立していると言えよう。

(2) ショルツ首相の問題

前述の三党連立という構造は、政権内では首相（ＳＰＤのショルツ）、外相（緑の党のベアボック）、財務相（ＦＤＰのリントナー）間の相違として象徴されている。当初から、この主要三ポスト間の意思疎通の無さは目立った。たとえばウクライナ侵攻直後のロシアのＳＷＩＦＴ排除決定をめぐっても、首相と外相と財務相は相矛盾したことを述べていた。

そうした懸隔は現在もまだ解消されていないように見える。たとえば、ミュンヘン安全保障会議が開催される二〇二三年二月をめざしてドイツ外務省は「国家安全保障戦略（Nationale Sicherheitsstrategie）」の策定を急いでいたが、これに首相府と財務省が容喙して作業が頓挫した[24]。同文書は、二〇二三年六月にようやく公表された。

　またショルツは、国家安全保障戦略の策定に先駆けて、二〇二二年一二月五日付の『フォーリン・アフェアーズ』に「グローバルなZeitenwende」という論考を寄稿している[25]。真相はわからないが、このタイミングでの包括的な外交・安全保障に関する論文の発表は、ベアボック外相主導の国家安全保障戦略に対して機先を制しようとしたと受け止められても仕方ない。

　この『フォーリン・アフェアーズ』への寄稿に代表されるように、ショルツは――たとえば前任者のメルケルと比べれば――メッセージを打ち出そうという姿勢はあるものの、意図が不明瞭なものも多く、それが混乱を招いている面がある。たとえば、ショルツはメルケルとは違い、連邦首相として公式のTwitterアカウント（二〇二三年七月より「X」に名称変更）を開設した。しかし、その運用の仕方は決して巧みなものではない（英語でツイートするなどの工夫は見られるのだが）。一例を挙げると、重火器の供与を決定して一か月後の二〇二二年五月二七日、ショルツは「戦争は多くの問題を投げかけている。暴力は暴力によって撲滅されるのだろうか？」などとツイートして批判を招いた[26]。また、重火器供与に対する躊躇いの理由についても、ドイツが所有する兵器数を挙げたり、ウクライナ兵を訓練する必要性を挙げたり、一貫性がなかった。

　さらに、本章では詳しく立ち入らないが、二〇二二年一一月四日にショルツが国内外から批判を浴びつつも中国・北京を訪問したことは、本当に首相は「転換」する気があるのかという憂慮を国内外に抱かせた。

　こうしたショルツとは対照的に、緑の党のベアボック外相やハーベック経済相の主張は確かに明快である。ウクライナへの武器供与に積極的で、ロシアへのエネルギー依存からの脱却を推し進め、首相の北京訪問にも釘をさす[27]。けれども、それがかえって政府としての姿勢の一貫性のなさを際立たせている面もある[28]。

　そうしたなか、二〇二三年一月五日にバイデン米大統領とショルツの電話会談後に発表された米独共同声明で、アメリカはブラッドレー歩兵戦闘車、ドイツはマルダー装甲歩兵戦闘車をウクライナに供与することを発表した[29]。また、同声明ではアメリカに続きドイツも地対空ミサイル・パトリオットをウクライナに供与することも告げられた。すでに同月四日にフランスがAMX-10RC装輪装甲車の供与を発表しており、それに続くかたちとなった。

　さらに一月二五日、ドイツ政府は「レオパルト2」戦闘戦車のウクライナへの供与をついに決定し、「レオパルト2」の保有国がウクライナに供与することも承認した。ショルツは武器供与に関しては「単独」では行動しない方針を繰り返し表明しており、裏を返せば西側の主要国――なかんずくアメリカ――と足並みを揃えることを重視していると言えよう[30]。

また実のところ、武器供与も含むウクライナ支援について、ドイツは米英に次いで三番目に大きな支援国である。二〇二二年の武器輸出は額にして約八四億ユーロ（歴代二位）で、その四分の一以上の約二二億ユーロがウクライナへのものである。[31]ショルツ政権は発足時の連立協定（二一年一二月締結）で武器輸出の抑制を約しており、そうした事情を考えると、かなり大きな変化ではある。[32]

（3）世論のゆくえ

ドイツ外交研究の分野でよく言われるように、ドイツの外交・安全保障政策には、歴史的に培われた三つの基本原則がある。[33]第一は、「単独行動（Alleingang）」の回避であり、多国間枠組み（とくに国連、NATO、EU）の重視である（多国間主義）。第二は、「二度と戦争は起こさない（Nie wieder Krieg）」という原則であり、そこから生じる武力行使に対する抑制の原則である（不戦主義）。そして第三が、「アウシュヴィッツを繰り返さない（Nie wieder Auschwitz）」、すなわち大量殺戮行為のような巨大な人権侵害を許さないという原則である（人道主義）。人道的介入の事例を考えればわかるように、この三つの原則すべてが満たされるとは限らない。

ロシアによるウクライナ侵攻後のドイツの「転換」も、この三つの原則のいずれを重視するかで揺れ動いているように思える。前述のSPDと緑の党の分岐は、不戦主義と人道主義のどちらを重視するかの違いと言えよう。また、批判が集まるショルツ首相のリーダーシップも、第一の原則である多国間主義を堅持しながら、彼なりに不戦主義と人道主義のバランスを取ろうとしているのかもしれない。

ロシア・ウクライナ戦争を経ても、ドイツの安全保障政策が上記の三つの基本原則から大きく離れることは考えにくい。そのうえで、ショルツが演説で示した「時代の転換」を本当に「転換」とできるのかは、最終的にはドイツ国民の意思にかかっていると言えよう。世論の支持がなければドイツの政治は動かない。

すでに見たように、二〇二二年二月初頭にウクライナへの武器供与に慎重だった世論（七一％が反対）は、ロシアによる侵攻直後の二月末には変貌した（七八％が賛成）。しかし、こうした世論の支持がどこまで続くかはわからない。マルダー歩兵戦闘車供与発表前の二〇二三年一月二日から四日にかけて行われた世論調査（インフラテスト・ディマップ社調べ）では、ウクライナへの武器供与について、現状では不十分と考える者が二五％、適切が四一％、行き過ぎが二六％だった。[34]そして、「レオパルト2」の供与のゆくえが注目されていた一月一七・一八日の世論調査（同上社）では、戦車供与をめぐって賛成が四六％、反対が四三％と世論は拮抗していた。とりわけ旧東ドイツ地域では賛成三二％、反対五九％と反対が大きく上回った（旧西ドイツ地域では賛成五〇％、反対三八％）。世代間による差も大きく、若年層（一八～三四歳）では賛成三七％、反対五二％で、年齢層が上がるにつれて賛成の割合が高くなり、六五歳以上で賛成五二％、反対三六％となっている[35]。ただし、「レオパルト2」の供与決定後の同社での世論調査では、戦車供与が「間違っていなかった」が五二％、「間違いだった」が三九％と[36]、いくぶん政府の決断への支持は持ち直している。いずれにせよ、武器供与をめぐって世論が定まっているわけではない。

こうしたなか、SPDの支持率は二〇％前後を横ばいし、連立三政党を足しても五割にとうてい届かなくなった。代わりにCDU／CSUが二二年四月以来ずっと支持率で第一党を維持する一方、じわじわと右翼ポピュリズム政党「ドイツのための選択肢（AfD）」の支持率も上がっている。もし本当にショルツ政権が「転換」を推し進めたいのであれば、そうした転換の必要性を世論に説明し、広範な理解を得ようとする努力が必要となろう。たとえば今次の戦争がドイツ社会にも痛みや倦みをもたらしたとき、それらに耐えうる論理を政治は用意する必要がある。

3　「ポスト冷戦」時代のドイツ外交の終焉

(1) 東西統一と冷戦の終焉がドイツ外交にもたらしたもの

さて、前節まではショルツが提示した「時代の転換」の内容と、それが実際に実行に移される際のポイントを論じてきた。それに対し、最後に本節では、より長期的な視野から、今次のロシア・ウクライナ戦争が、冷戦後のドイツ外交にとってもつ意味を考えてみたい[37]。

その際、考察の出発点となるのは、東西ドイツ統一と冷戦の終焉がその後のドイツ外交に与えたインパクトである。一九九〇年の東西ドイツ統一は、多くのドイツ人にとって、悲願の成就というだけでなく、歴史認識にも特別な意味をもった。「〔二つの世界大戦で〕二度も歴史の誤った側に立ってしまった世紀の終わりに、ついにドイツは正しい側に立った」と解釈されたからである[38]。

反省的にこう述べたのは、二〇一一年から一七年までドイツ外務省政策企画局長、一七年から二二年まで大統領府でシュタインマイアー大統領の外交顧問を歴任し、現在は駐ポーランド大使を務めているトーマス・バガーである。

統一後のドイツ外交の要職を担ってきたバガーは、二〇一九年に『ワシントン・クォータリー』誌に寄稿した「ドイツに調和した世界——一九八九年の再評価」という論考で興味深い指摘をしている。「ベルリンの壁」崩壊後のドイツほど、フランシス・フクヤマの「歴史の終わり」という有名なテーゼが人気を博した国は稀だったというのである。旧東ドイツを含む中・東欧が議会制民主主義と市場経済を受け入れていく様は、自由民主主義を歴史の終着点と見なしたフクヤマのテーゼ——フクヤマの議論はニュアンスに富んだものだったが、概して単純に読まれた——の証明だとドイツでは受け止められた。

一九八九年に歴史が終わり、ドイツは最終的に正しい側に立った、そして世界はいずれ必然的に自由民主主義で満たされていく——このバガーが指摘したナラティブは、いささか戯画化されているとはいえ、「ポスト冷戦」時代のドイツ外交の世界観を端的に表現したものと言えよう。

かかる世界観は、統一後のドイツ外交の担い手の多くに共有されることとなる。そしてそれは、二つの帰結を生んだ。

第一は、冷戦時代の「東方政策」を範とする関与政策の継続である。「歴史の終わり」的な世界観に従えば、〈やがては世界中の国々が、市場経済と自由民主主義を受容し、収斂していく。中・東欧諸国はNATOやEUに加盟し、いずれは西欧に「キャッチアップ」するだろう。ソ連崩壊後のロシアも、中国も、時間はかかるかもしれないが、開かれた市場経済と自由民主主義を受け入れていくだろう。そこでドイツがすべきことは、冷戦期の「東方政策」のように、経済的・人的交流を進めていくことである〉――もちろんそれはドイツ経済の利益に適うことでもあったが、重要なのは、中・東欧諸国のみならず、ロシアや中国への関与政策（の継続）が、以上のような世界観に裏打ちされていたことだ。そうした政策は、冷戦期の「接近による変化」に倣って、「貿易による変化（Wandel durch Handel）」と呼ばれた。

第二は、抑止と防衛からの解放である。統一以前、東西ドイツは冷戦の最前線として、地球上で最も軍事的な緊張を抱えた地域のひとつであった。しかし冷戦終焉によって、統一時の首相ヘルムート・コール（在任一九八二～九八年）がしばしば口にしたように、地理的にドイツは「その歴史上初めて友人とパートナーに囲まれた」。それゆえ統一ドイツは「平和の配当」を求めた。冷戦期には最大でGDPの五％近くまであった防衛費は約一％に落ち、二〇一一年には徴兵制がさしたる抵抗もなく保守政権のもとで停止された。

もちろん、冷戦終焉後もドイツは、あくまで連邦共和国初代首相コンラート・アデナウアー（在任一九四九～六三年）以来の大原則である「西側結合（Westbindung）」、すなわちヨーロッパ統合と大西洋同盟への強い結びつきを基軸に外交・安全保障政策を進めてきた。その枠内で、冷戦後の新しい安全保障環境のなか、連邦軍の「NATO域外派兵」に踏み切り、一九九九年にシュレーダー政権下でNATOのコソボ空爆に参加した。シュレーダー政権は左派のSPDと緑の党の連立だったが、NATOのなかで求められた責任を果たしたのである。周知のようにシュレーダー政権はイラク戦争には反対し、一時期アメリカとの関係を冷え込ませたが、アフガニスタンに連邦軍を派遣するなど、軍事的貢献をしてこなかったわけではない。

とはいえ、もはやミリタリー・パワーではなくシヴィリアン・パワーこそが重要であり、領域防衛や抑止ではなく危機管理や予防外交が重要であるというのが、統一後暫くドイツの外交・安全保障論の基調だったと言えよう。

（2）崩れていく「ポスト冷戦」の世界観

このように東西統一と冷戦終焉という「成功体験」をもとに築かれた「ポスト冷戦」時代のドイツ外交は、二〇一〇年代には根底から揺さぶられていく。メルケル政権（二〇〇五～二一年）はその対応に追われることになった。

まずドイツにとって深刻だったのは、外交の基本原則たる「西側結合」の結びつき先だったアメリカとヨーロッパが、それぞれ揺らいだことである[39]。

とくに「アメリカ・ファースト」を掲げ、もはや「リベラルな国際秩序」の維持に関心をもたないトランプ米大統領の登場はドイツに衝撃を与えた。二〇一七年五月、トランプの訪欧直後にメルケル首相は、「もはやわれわれが他国に頼れる時代は終わりつつある」と演説している。さらに、トランプ個人にとどまらず、長期的なアメリカの力の衰退という現実にドイツは直面することになった。

「西側結合」のもう一方の柱であるヨーロッパも、二〇一〇年以降、ユーロ危機、難民危機、イギリスのEU離脱、右翼ポピュリズムの台頭など、危機続きであった。そうしたなか、ドイツはいまやEUの中核的な存在となったにもかかわらず、たとえばユーロ危機対応で迅速なリーダーシップを発揮できず、「嫌々ながらの覇権国（reluctant hegemon）」などと呼ばれた。また、二〇一五年にメルケルが貫徹した寛容な難民受け入れ政策は、人道的観点からは評価できるものの、その一方的なイニシアティブから他のEU諸国の反発を生んだ。さらに、ハンガリーやポーランドにおける反リベラルな政権の登場は、自由民主主義への収斂という想定が近隣諸国にすら通用しないことを示した。イギリスのEU離脱は、ヨーロッパ統合は不可逆に進むというドイツのヨーロッパ主義の想定を覆した。

そして、「ポスト冷戦」時代のドイツ外交の想定を裏切り続けたのが、ロシアと中国である。二〇一四年のロシアによるクリミア併合とウクライナ東部への軍事介入は、ロシアとのパートナーシップを重視してきたドイツに平手打ちを食らわせる出来事だった。権威主義体制のまま経済的にも軍事的にも大国となった中国の存在は、やはり自由民主主義への収斂という世界観を否定するものとなった。

しかし、すでに「ポスト冷戦」時代の想定が崩れているにもかかわらず、それを直視しようとしなかったのも、二〇一〇年代のドイツであった。たとえばNATOにつき、ドイツの「フリーライド」に対するアメリカの批判は、トランプ以前から存在していた。二〇一一年にロバート・ゲーツ米国防長官は防衛支出がGDP比二%以下の加盟国を公に批判したが、これはGDPの一・二%しか支出していなかったドイツへの非難であった。しかし、かかる批判をドイツは一〇年以上受け流してきた。

また、二〇一四年以来のウクライナ危機に対して、メルケルは外交面で奮闘したものの、ミンスク合意後もロシアを止める有効な手立てを取らず、むしろ関与政策を継続した。確かに、プーチンの友人だった前任のシュレーダーに比べれば、メルケルはプーチン体制に厳しかった。とはいえ、ロシアへのエネルギー依存を改善しようとしなかったのもメルケルである。中国に対しても、ヨーロッパで対中脅威認識が広まるなかで、ドイツは緊密な経済関係を築き続けた。

こうした状況で生じたのが、二〇二二年二月のロシアによるウクライナ侵攻であった。

(3)「ポスト冷戦」の終わり？

度重なる危機によってその世界観を崩されてきた「ポスト冷戦」時代のドイツ外交は、ロシア・ウクライナ戦争の勃発によって根底からの「転換」を迫られた。第一節で検討したショルツ演説はその表れに他ならない。

何よりも、ブラント以来の「東方政策」の伝統は瀕死の状態に見える。二〇一四年を経てもなお、とくにSPD周辺では「東方政策」志向は根強かった。たとえば当時メルケル政権の外相だったシュタインマイアーは、一四年一二月の『シュピーゲル』誌のインタビューで、自分は「東方政策の遺産」と結びついており、ロシアとの「対話」に尽力すると述べていた[40]。また、かつての同党の有力者マティアス・プラツェクは、二〇二〇年の時点で『われわれは新しい東方政策を必要とする——パートナーとしてのロシア』という本を出版している。

しかし、二〇二二年四月には、シュタインマイアー大統領はテレビのインタビューで、「わたしたちはゴルバチョフの偉大なビジョンだったヨーロッパ共通の家の建設に失敗しました。ロシアをヨーロッパ安全保障体制に結び付けることに失敗しました。〔……〕ロシアにも民主主義と人権への道を歩ませることに失敗しました」と総括している[41]。この一週間後、シュタインマイアーがキーウ訪問をウクライナ側に拒否されたのは前節で見たとおりである。

抑止や防衛も忌避していられなくなった。そうした意味で、「ポスト冷戦」時代のドイツ外交の世界観は決定的に砕かれたと言えよう。

とはいえ、ドイツ外交のすべてが変わるわけではない[42]。ショルツ演説は、安全保障におけるNATOの重要性と、ヨーロッパの結束の必要性を改めて強調するものでもあった。むしろポイントは、前述のように「西側」自体が揺らぐなかで、これまで「リラクタント」であったドイツが、今後どこまでリーダーシップを発揮できるかであろう。

また、「東方政策」に由来する関与政策も、前述のショルツの北京訪問などに鑑みると、実のところ死んでいないかもしれない。ただ、首相の訪中に国内から多くの批判の声があがったのも確かで、今後ドイツの対中政策がどちらに振れるかは要注目だろう。ロシア・ウクライナ戦争についても、SPDの連邦議会議員団が「外交的解決」を強調するなど、いまだ「東方政策」の伝統はしぶといと言える。

冷戦終焉から二〇二二年の「第二次ロシア・ウクライナ戦争[43]」勃発までの約三〇年を「ポスト冷戦」時代とするならば——多くのドイツ人は二〇一四年の「第一次ロシア・ウクライナ戦争」を「時代の転換」とは捉えなかったのである——、その前半期は、バガーの言葉を借りれば、世界はドイツの期待に調和していたかもしれない。しかし、その後半期には、ドイツはひとつひとつ、自らの外交政策の支柱を揺さぶられ、場合によってはへし折られていった。いまドイツ外交は、この半世紀で最も大きな知的・戦略的な挑戦と向き合っていると言えよう。その意味で、まさにドイツは——遅ればせながらの——「時代の転換」のなかにあるのだ(44)。

（1）　本章の第一節と第二節は、以下の拙稿と記述が大きく重なることをお断りしておく。「ドイツの戦略的転換——ショルツ政権の課題」日本国際問題研究所（編）『戦禍のヨーロッパ——日欧関係はどうあるべきか』日本国際問題研究所、二〇二三年、五七～六九頁。また、注に記したウェブ上の資料はすべて二〇二三年三月一日にアクセス確認をしている。
（2）　Matthias Gebauer u. a., "Der Ampel-Eiertanz und seine Folgen," *Der Spiegel*, Heft 5/2022（28. Januar 2022）.
（3）　Infratest dimap, ARD-DeutschlandTrend, 3. Februar 2022. 〈https://www.tagesschau.de/inland/deutschlandtrend/deutschlandtrend-2897.html〉
（4）　Rachel Rizzo, "German Wunderkind," *IPG-Journal*, 4. März 2022. 〈https://www.ipg-journal.de/rubriken/aussen-und-sicherheitspolitik/artikel/german-wunderkind-5766/〉
（5）　GfdS wählt »Zeitenwende« zum Wort des Jahres 2022, 9. Dezember 2022. 〈https://gfds.de/wort-des-jahres-2022/〉
（6）　Regierungserklärung von Bundeskanzler Olaf Scholz am 27. Februar 2022. 〈https://www.bundesregierung.de/breg-de/aktuelles/regierungserklaerung-von-bundeskanzler-olaf-scholz-am-27-februar-2022-2008356〉
（7）　Kristin Becker, "Entschlossen wie nie," tagesschau, 27. Februar 2022. 〈https://www.tagesschau.de/inland/regierungserklaerung-ukraine-russland-scholz-putin-101.html〉
（8）　Rede von Außenministerin Annalena Baerbock bei der Sondersitzung des Bundestags zum Russlandkrieg, 27. Februar 2022. 〈https://www.auswaertiges-amt.de/de/newsroom/-/2513950〉
（9）　Rede von Christian Lindner während der Sondersitzung des Bundestags zum Krieg in der Ukraine, 27. Februar 2022. 〈https://www.bundesfinanzministerium.de/Content/DE/Reden/2022/2022-02-27-bundestagsrede-lindner-ukraine.html〉
（10）　当日の連邦議会の議事録（Plenarprotokoll 20/19: Deutscher Bundestag, 20. Wahlperiode. Stenografischer Bericht, 19. Sitzung am 27. Februar 2022）および動画は下記からダウンロード可能。〈https://www.bundestag.de/dokumente/textarchiv/2022/kw08-sondersitzung-882198〉
（11）　この点につき、詳細な報道は以下。Peter Dausend u. a., "Waffenlieferungen an die Ukraine: Der Kanzlermoment," *Die Zeit*, Ausgabe Nr. 11/2022（10. März 2022）. 〈https://www.zeit.de/2022/11/waffenlieferung-ukraine-russland-krieg-bundeswehr-olaf-scholz-bundeswehr〉
（12）　一方、野党CDUの党首フリードリヒ・メルツには前日に根回しがあったという。二〇二二年三月一七日に放送されたドイツ第2テレビ（ZDF）のドキュメンタリー番組を参照。Kehrtwende in Berlin. Waffen, Schulden, Wohlstand. 〈https://www.zdf.de/dokumentation/zdfzeit/zdfzeit-kehrtwende-in-berlin-100.html〉
（13）　"Große Mehrheit befürwortet Waffenlieferungen an Ukraine," *Die Welt*, 1. März 2022. 〈https://www.welt.de/politik/ausland/article237226647〉
（14）　Ferdinand Otto, "Das Ende der Unmündigkeit," *Die Zeit*, 27. Februar 2022. 〈https://www.zeit.de/politik/deutschland/2022-02/olaf-scholz-rede-regierungserklaerung-russland-ukraine〉
（15）　Jeff Rathke, "Putin Accidentally Started a Revolution in Germany," *Foreign Policy*, February 27, 2022. 〈https://foreignpolicy.com/2022/02/27/putin-war-ukraine-germany-scholz-revolution/〉
（16）　Sudha David-Wilp and Thomas Kleine-Brockhoff, "A New Germany: How Putin's Aggression Is Changing Berlin," *Foreign Affairs*, March 1, 2022. 〈https://www.foreignaffairs.com/articles/germany/2022-03-01/new-germany〉
（17）　Hubertus Bardt / Klaus-Heiner Röhl, "Budeswehr und Inflation: Was bleibt von der Zeitenwende?" IW-Kurzbericht 94/2022, 5. Dezember 2022. 〈https://www.iwkoeln.de/studien/hubertus-bardt-klaus-heiner-roehl-was-bleibt-von-der-zeitenwende.html〉

(18) ブラント政権の「東方政策」に関する優れた歴史研究として、妹尾哲志『戦後西ドイツ外交の分水嶺――東方政策と分断克服の戦略、１９６３～１９７５年』晃洋書房、二〇一一年。

(19) 最新の研究として、Sesanne Schattenberg, "Pipeline Construction as "Soft Power" in Foreign Policy. Why the Soviet Union Started to Sell Gas to West Germany, 1966-1970," *Journal of Modern European History*, Vol. 20(4), 2022, pp. 554-573.

(20) 以下から引用。Hope M. Harrison, "Russia, the United States, Germany and the war in Ukraine: a new Cold War, but with a dangerous twist," *Cold War History*, Vol. 23, Issue 1, 2022, pp. 154-166, here p. 160.

(21) 二〇二二年五月一九日に連邦議会は、首相経験者としての事務所使用権利をシュレーダーから剝奪することを決定した。その翌日、シュレーダーはロスネフチの監査役会会長を辞任し、また予定されていたガスプロムの監査役就任も撤回された。シュレーダーの経歴とロシアとの関係については、板橋拓己・妹尾哲志（編）『現代ドイツ政治外交史――占領期からメルケル政権まで』ミネルヴァ書房、二〇二三年の第八章（鈴木均執筆）を参照のこと。

(22) Rede von Lars Klingbeil bei der Tiergartenkonferenz 2022 der Friedrich-Ebert-Stiftung „Zeitenwende - der Beginn einer neuen Ära", 22. Juni 2022. 〈https://www.spd.de/aktuelles/detail/news/zeitenwende-der-beginn-einer-neuen-aera/22/06/2022/〉

(23) "SPD-Linke gehen auf Distanz zu Parteichef Klingbeil," *Der Spiegel*, 22. Juni 2022. 〈https://www.spiegel.de/politik/deutschland/lars-klingbeil-mitfuehrungsmacht-rede-spd-linke-gehen-auf-distanz-zum-parteichef-a-17ce053b-8109-4017-a70c-6be0d3a0dd99〉

(24) "Wer hat das Sagen in der Außenpolitik?" *Der Spiegel*, Heft 1/2023, 29. Dezember 2022. 〈https://www.spiegel.de/politik/deutschland/ukraine-china-mali-aussenpolitik-der-ampel-spiel-auf-zeit-a-ba4ebfb6-78ac-4b52-87d4-de76f872434d〉

(25) Olaf Scholz, "The Global Zeitenwende: How to Avoid a New Cold War in a Multipolar Era," *Foreign Affairs*, January/February 2023. 〈https://www.foreignaffairs.com/germany/olaf-scholz-global-zeitenwende-how-avoid-new-cold-war〉

(26) 二〇二二年五月二七日のツイート。https://twitter.com/Bundeskanzler/status/1530141812509364224?s=20&t=XEUIHb9veWRWzHDxsDD-Q

(27) "Peking als»Wettbewerber und systemischer Rivale« Baerbock ermahnt Scholz wegen Chinapolitik," *Der Spiegel*, 1. November 2022. 〈https://www.spiegel.de/politik/deutschland/annalena-baerbock-olaf-scholz-soll-deutschlands-haltung-in-china-deutlich-machen-a-417b6f32-654f-4cf7-9cb9-1a5ea9206cf5〉

(28) かかる事情を背景に、首相府に安全保障問題を担当するスタッフを充実させる必要性、また外交・安保・防衛政策に関する省庁間調整を司るプラットフォーム構築の必要性が、多くの専門家によって指摘されている。たとえば以下を参照。Nicole Koenig, "The Zeitenwende: Germany's Reluctant Revolution," American Institute for Contemporary German Studies（AICGS）, July 6, 2022 〈https://www.aicgs.org/publication/the-zeitenwende-germanys-reluctant-revolution/〉; Sophia Besch and Sarah Brockmeier, "Waking a Sleeping Giant: What's Next for German Security Policy?" March 9, 2022. 〈https://warontherocks.com/2022/03/waking-a-sleeping-giant-whats-next-for-german-security-policy/〉

(29) Gemeinsame Presseerklärung im Anschluss an ein Telefonat zwischen dem Präsidenten der Vereinigten Staaten, Joseph R. Biden Jr., und dem Bundeskanzler der Bundesrepublik Deutschland, Olaf Scholz, Presse- und Informationsamt der Bundesregierung（BPA）, 5. Januar 2023. 〈https://www.bundesregierung.de/breg-de/suche/gemeinsame-presseerklaerung-im-anschluss-an-ein-telefonat-zwischen-dem-praesidenten-der-vereinigten-staaten-joseph-r-biden-jr-und-dem-bundeskanzler-der-bundesrepublik-deutschland-olaf-scholz-2156622〉

(30) ショルツ首相の武器供与方針はアメリカと足並を揃えることだと指摘するものとして、たとえば以下の記事を参照。"Why Olaf Scholz is reluctant to send battle tanks to Ukraine," *Financial Times*, January 13, 2023. 〈https://www.ft.com/content/9e0e5ed8-a924-469d-bea7-dc0de81f2c82〉

(31) "Deutschland genehmigte Rüstungsexporte für mehr als acht Milliarden Euro," *Der Spiegel*, 27. Dezember 2022. 〈https://www.spiegel.de/politik/deutschland/deutschland-genehmigte-ruestungsexporte-fuer-mehr-als-acht-milliarden-euro-a-93811503-4312-4353-9eae-c1bba3630b2d〉

(32) なお本稿では立ち入らないが、ドイツの安全保障政策の「転換」を阻む要因として、制度的障害の問題がある。とりわけ軍備の調達は深刻である。ドイツの軍備調達は連邦国防技術調達庁（BAAINBw）が司っているが、厳しすぎる入札規制をはじめ、同庁の評判は最悪である。Oliver Moody, "Germany's military defeated by an army of bureaucrats," *The Times*, June 24, 2022. 〈https://www.thetimes.co.uk/article/germanys-military-defeated-by-an-army-of-bureaucrats-5vgpvqzm3〉

(33) たとえば邦語では以下を参照。中村登志哉「ドイツの安全保障規範の変容――1999-2011年の海外派兵政策」『言語文化論集』（名古屋大学大学院国際言語文化研究科）第三五巻一号、二〇一三年、一〇五～一二四頁、とくに一〇七～一〇九頁。また、今次のウクライナ侵攻をふまえた論考として以下を参照。髙島亜紗子「欧州安全保障環境の変化とドイツ」（国問研戦略コメント2022-05）日本国際問題研究所、二〇二二年三月二四日〈https://www.jiia.or.jp/strategic_comment/2022-05.html〉；中村登志哉「シビリアンパワー・モデルの修正か終焉か――ウクライナ戦争に苦悩するドイツ」『安全保障研究』第五巻一号、二〇二三年三月、一～一八頁。

(34) Infratest dimap, ARD-DeutschlandTrend Januar 2023, S. 9. 〈https://www.infratest-dimap.de/fileadmin/user_upload/DT_2301_Report.pdf〉

(35) Lieferung von Leopard-Kampfpanzern umstritten, ARD-Morgenmagazin. 〈https://www.infratest-dimap.de/umfragen-analysen/bundesweit/umfragen/aktuell/lieferung-von-leopard-kampfpanzern-umstritten/〉

(36) Infratest dimap, ARD-DeutschlandTrend Februar 2023, S. 8. 〈https://www.infratest-dimap.de/fileadmin/user_upload/DT_2302_Report.pdf〉

(37) 本節の記述は以下の拙稿の一部と大きく重なる。「ドイツ外交「ポスト冷戦」時代の終焉か」『外交』第七八号、二〇二三年、一一八～一二六頁。

(38) Thomas Bagger, "The World According to Germany: Reassessing 1989," *The Washington Quarterly*, Vol. 41, Issue 4, 2019, pp. 53-63. 引用はp. 54.

(39) 以下の記述につき、拙稿「西側結合」の揺らぎ――現代ドイツ外交の苦悩」『アステイオン』第八八号、二〇一八年、九七～一一一頁。

(40) "Entspannung kommt nicht von selbst," Interview mit Frank-Walter Steinmeier, 22. Dezember 2014. 〈https://www.bundesregierung.de/breg-de/aktuelles/-entspannung-kommt-nicht-von-selbst--437524〉 Vgl. auch: Franziska Davies, "Ende der Ostpolitik? Zur historischen Dimension der "Zeitenwende"," *Aus Politik und Zeitgeschichte*, 73. Jg., 10-11/2023 (6. März 2023), S. 28-32.

(41) Interview mit dem ZDF-Morgenmagazin, 5. April 2022. 〈https://www.bundespraesident.de/SharedDocs/Reden/DE/Frank-Walter-Steinmeier/Interviews/2022/220405-Interview-moma-vor-ort.html〉

(42) Bernhard Blumenau, "Breaking with convention? Zeitenwende and the traditional pillars of German foreign policy," *International Affairs*, Vol. 98, Issue 6, November 2022, pp. 1895-1913.

(43) 小泉悠『ウクライナ戦争』筑摩書房、二〇二二年、二三～二四頁。

(44) 本稿脱稿後、以下の優れた論考が刊行されたので、参照されたい。岩間陽子「ドイツとポスト1989リベラル国際秩序」臼井陽一郎／中村英俊（編）『EUの世界戦略と「リベラル国際秩序」のゆくえ――ブレグジット、ウクライナ戦争の衝撃』明石書店、二〇二三年、六九～九〇頁。

7 ウクライナ戦争とロシア人

廣瀬陽子

（ひろせ　ようこ）
慶應義塾大学総合政策学部教授
専門は国際政治、旧ソ連研究
著書に『コーカサス―国際関係の十字路』（集英社）、『ロシアと中国―反米の戦略』（筑摩書房）、『ハイブリッド戦争 ロシアの新しい国家戦略』（講談社）などがある。

はじめに

ウクライナ戦争の勃発は、ほとんどのロシア人にとっても青天の霹靂であったことは間違いない。ウクライナ戦争が、側近などからの教唆などがあったとはいえ、ウラジーミル・プーチン（Vladimir Putin）大統領によって始められた「プーチンの戦争」であるという見方が多い一方、プーチンを大統領に選出し、彼の政策を支えたのはロシア人であるということで、ロシア人の責任を問う声も少なくない。たとえば欧州でも、戦争責任があるロシア人が欧州で観光をすることが許せないという声が高まり、欧州連合（EU）加盟国はロシア市民に対するビザ規制を段階的に強めていった[1]。

確かに、プーチン大統領を選出したのはロシア人であり、ロシア人の多くが、大国だとして誇りを持っていたソ連が解体されたことや、その後のボリス・エリツィン（Boris Yeltsin）時代の無秩序な時代の恐怖と屈辱に絶望し、強い指導者を求めたのも事実だ。さらに、二〇二二年二月二四日にプーチン大統領が言うところの「特別軍事作戦」、実態としてはウクライナ侵攻ないし戦争を始めてから、プーチン大統領の支持率も、「作戦」への支持も一時の例外を除き、かなり高かった（後述）ことを考えれば、ロシア人にウクライナ戦争の責任を問うことにも正当な論理があると考えられる。

とはいえ、ロシア人が全員この戦争を支援しているわけでもなければ、戦争の推移のなかで同じ意見を持ち続けているというわけでもない。ロシアの独立系世論調査機関「レヴァダ・センター」の調査結果、各種報道、またロシアの有識者にオンラインや電子メールで行ったインタビューをもとに、そのようなロシア人の現実に迫ってみたいというのが、本章の目的である。

　なお、レヴァダ・センターの調査結果が信用できるものかどうかという疑問を持たれるかもしれない。ロシアには、政府系の世論調査会社「全ロシア世論調査センター」もあり、政府系のほうは信頼できない部分も多々あるが、政権から長年「外国エージェント」として弾圧されてきた独立系の「レヴァダ・センター」の調査結果は、ほぼ信用に値するものだと言える。同センターの調査は、約一六〇〇名の回答者の自宅における個人面接で行われる。対面調査について、ロシア人が自分の回答が当局に漏れることなどを危惧して、正直なことを言っていないのではないかという疑念が持たれるかもしれない。だが、その点について、筆者が社会学者としても著名なレフ・グドコフ（Lev Gudkov）同センター前所長にオンラインでインタビューをしたところによると、書面回答、電話回答、対面回答など、様々なパターンで調査を試み、検証を重ねた結果、回答者が最も素直に心情を語るのは対面でのインタビューであり、普段、心に秘めた思いなども一気に語るケースが少なくなく、逆に、書面や電話回答のほうに回答者は脅威を感じるという回答を得た。[2] 同センターのホームページでも、二〇二二年一一月二四～三〇日に行われた調査の統計誤差は、最大でも三・四％未満だとされている。[3] 他方、「ほぼ」というのは、リスト実験によって、約一〇％のロシア人が、自分の本来の心情を偽って「特別軍事作戦を支持する」と回答したことが明らかになっているからである。主に、国営放送などを視聴する層が社会的に好ましい「道徳的な」（この場合は政府が望む）考えを持っていることを表明することが明らかとなっている。[4] 独裁政治では、市民は特に政治に関する調査や世論調査の質問に対する回答を恐れることが多い（市民は自分の本当の選好に嘘をつく）というマキシム・アリュコフ（Maxim Alyukov）の分析もある。[5] 以上のことから、同センターの調査結果は、ほぼ信頼できるが、当局に都合の良い回答については若干差し引いて、解釈するべきだと言えるだろう。

1　ロシア人のウクライナ戦争に対する意識～概観

　戦争開始後のロシア人の心情や行動を概説すると、以下六点のような形でまとめられると考える。

　第一に、ロシア人も決して一枚岩ではなく、プーチン大統領や戦争を支持する層と反対する層の分断があり、その分裂度は戦争が長期化するにつれ、より深刻化している。

　第二に、実は、戦争に賛成でも反対でもない「無関心層」もかなりいる。それに加え、そもそも三日程度でウクライナの首都キーウを陥落させられると信じていたプーチン政権にとって、戦争長期化によって国民の政権批判が強まることは避けたいシナリオであったため、政権が国民の戦争に対する無関心化を促進してきたのも事実だ。

　第三に、ロシア人の無関心さは、戦争を「他人事」と考える傾向から生まれている側面も強いと言える。だが、二〇二二年九月二一日に部分的動員令が発令されると、ロシア人にとって

「特別軍事作戦」は「我が事」になった。そして、戦争の支持率が一時的に低下した一方、徴兵を恐れ、国外に逃避する人々が顕著に増えた。ただし、戦争に反対する者が全員国外逃避できたわけではない。国外逃亡できたのは、主に経済的に余裕があるか、IT、金融などの高い能力を持った者であり、経済的事情や家庭の事情などで国外逃亡できないケースも少なくないし、国境でロシア当局に止められた者も少なくなかった。

とはいえ、第四に、動員令の発令からしばらくすると、また人々は戦争への無関心傾向を強めるのである。それは、二〇二二年一〇月二三日に部分的動員の終了が発表された頃とほぼ一致するように思われる。大統領支持率も八〇％代から一時七七％に低下したが、三カ月後には八〇％代に戻った。そうなると、結局、ロシア人の少なくない人々が戦争を他人事と考えているということになり、政府に終戦を決断させるインパクトを持つとは思えない。

他方で、第五に、政府の政策が功を奏してきたと言うことにも注目すべきだろう。戦争に関する国内向けプロパガンダが成功してきた側面、また、戦争開始後に施行されてきた法律による締め付けが恐ろしくて国民が声をあげることが困難だったという事実がある。

そして、第六に、政府による弾圧の恐怖の中でも、抗議行動を続けた人、反対の声をあげた人、ウクライナ人の逃避を助けるボランティア活動を行った人々など、多くのロシア人の勇気ある行動もあったという事実である。

以下では上述の流れを具体的に示すことで、ウクライナ戦争に対するロシア人の心情の一端を明らかにしてゆきたい。

2　ロシア人の分断

ロシア人は戦争に対して決して一枚岩ではなく、分断されており、その分断は戦争の長期化によってより深刻なものとなっている。ロシアが元来、分裂社会だと指摘する声は少なくないが、分断はロシア民族とマイノリティーの間ではなく、大都市部と国の残りの部分（産業が衰退した地域、非都市圏や辺境、民族共和国）との間にあるという[6]。そして、今回の戦争で、その分断はより大きくなったと思われる。

ヴォルコフとコレスニコフによれば、ロシア全土で、友人、親子、夫婦、教師と生徒などの間で、意見の対立が起き、二極化した意見は時間と共に、ますます極端に分化しているという。そして、戦争を確実に支持する層、ほぼ支持する層、支持しない層に分けられるが、戦争を確実に支持する層は、戦争に関するロシアの官製メディアの報道や政府が展開する物語に疑問を抱かず、プーチンに対する最高レベルの支持とウクライナで起こっていることに対する誇りを表明する傾向があるという。戦争を回避する余地がなかったと考え、自らが戦争に参加する用意がある者もいたという。また年配の回答者の中には、欧米がロシアに迫ってくるのでやむを得ないという回答をした者もいた。戦争をほぼ支持する層は、はっきりと支持はしておらず、何が起こっているのかについての不安、恐怖、および恐怖の感情も第一の層の二倍強く感じられているようだ。戦争を支持しない層は、若者で、モスクワや他の大都市に住んでいて、インターネットのニュースの消費者である可能性が高く、また、プーチン大統領に対する反感も強い傾向があるという。そして反対の理由としては、まず、人が亡くなることが許せないということがあり、第二に、経済的悪影響ということが解答されたという。他方で、時間が経てば、人々の無関心化が広がり、制裁も最初のショック期を過ぎると、大きなダメージを国民に与えなくなる傾向があるという[7]。

基本的に、ロシアの官製メディアが流す報道は、プーチン大統領の主張そのものであり、「ロシアがいかに欧米から虐げられ、ロシアの安全保障が脅かされているか」ということや、戦争初期の「ウクライナの「ネオナチ」がウクライナ東部の住民を蹂躙しているのでロシアが救わなければならない」ということなどをベースに戦争を正当化し、また戦況についてもかなりロシアに都合の良い形で報じてきた傾向があった。そのため、官製メディアへの依存度が高い層、具体的には高齢者や地方住民、若い人でも愛国教育に染まっている人などがロシア政府の主張をそのまま受け止め、信じる傾向が強かった。それでも、都市の住民や若者はインターネットなどでさまざまな情報を得ることができたため、ロシアの政策に反発を覚える者も多かった[8]。だが、二〇一六年に可決された主権インターネット法により、ロシアは合法的にインターネットの規制と検閲を厳しくし、世界規模のインターネットから切り離されていった（*WIRED*, 25 July 2022）。また、海外のインターネットから切り離されても、VPN（仮想私設網）接続によって海外の情報にアクセスする者も多かったのだが、ロシアは、VPNの遮断も進めていった（『日本経済新聞』二〇二二年六月二日）。

このような前提を押さえて、ロシア人の論調を社会調査結果から検討したい。

まず、戦争が始まったばかりの頃、国民の戦争に対する支持は圧倒的多数であり、プーチン大統領の支持率も急上昇した。プーチン大統領の支持率は、表1、図1の通り、戦争開始後に顕著に上がり、部分的動員令が出された九月に七七%に若干落ち込んだが、一〇～一一月は七九%、一二月には八一%と回復しており、後述のように戦争に対する気持ちには変化が見られるものの、二〇二二年九月段階ではプーチン大統領への支持はかなり盤石と言えそうである（*Levada-Center*, "PUTIN'S APPROVAL RATING"）。

そして、ウクライナ戦争に関する一般的な感情は、選択肢の中で、「ロシアへの誇り」、「不安、恐怖」が常に圧倒的に高いが、ロシアへの誇りは、二月、三月は共に五一%だったのに対し、八月には四八%、九月には四二%に下がっており、戦争長期化の影響が見て取れる。他方、不安、恐怖は二～八月が三一%だったのに対し、一一月には三四%に上昇しており、やはり戦争長期化で、未来への予測が暗くなっている可能性もある一方、あまり大きな変化がないという見方もできそうだ（*Levada-*

表1 プーチン大統領支持率(2021年11月〜23年9月)

	2021年11月	2021年12月	2022年1月	2022年2月	2022年3月	2022年4月	2022年5月	2022年6月	2022年7月	2022年8月	2022年9月	2022年10月
支 持	63	65	69	71	83	82	83	83	83	83	77	79
不支持	35	34	29	27	15	17	15	16	15	15	21	19
無回答	2	1	2	1	2	1	2	1	2	2	2	2

	2022年11月	2022年12月	2023年1月	2023年2月	2023年3月	2023年4月	2023年5月	2023年6月	2023年7月	2023年8月	2023年9月
支 持	79	81	82	83	82	83	82	81	82	80	80
不支持	17	17	16	14	15	14	15	16	15	16	17
無回答	3	2	2	2	3	3	2	3	3	4	3

(出所) Levada Center(https://www.levada.ru/en/ratings/)より作成
Levada-Center, "PUTIN' S APPROVAL RATING" をもとに筆者作成

図1 プーチン大統領支持率(2021年11月〜23年9月)

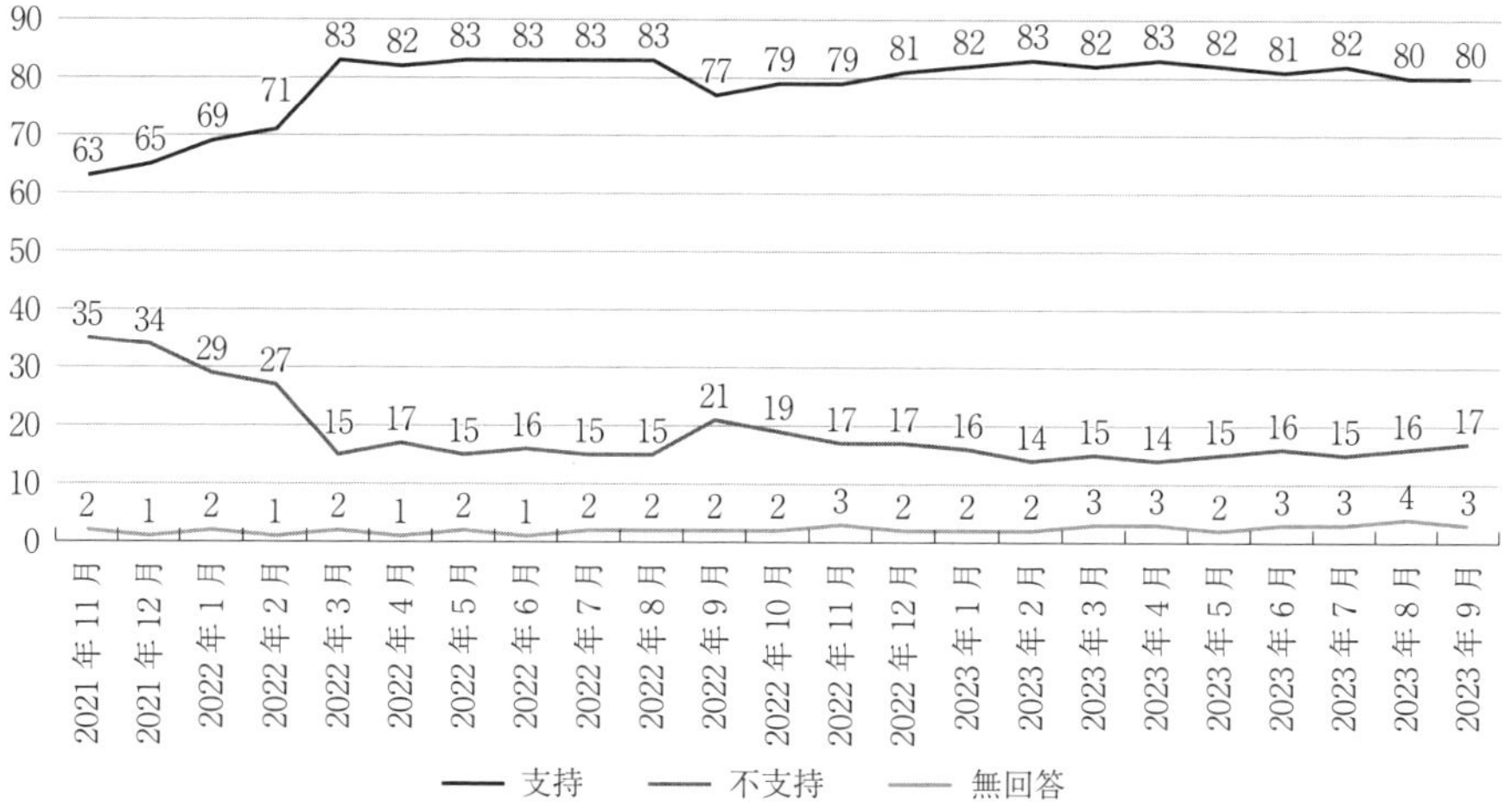

(出所) Levada-Center, "PUTIN' S APPROVAL RATING" をもとに筆者作成

Center, 12.12.2022)。

だが、特別軍事作戦が成功しているかどうかについての評価は、二〇二二年九月からほとんど変わっていないと言って良い。四月にはとても成功しているという回答が一八%、比較的成功しているが五〇%、同じく五月は一七%、五六%だったのが、九月には九%、四四%に下がり、一一月も九%、四五%と評価はほとんど変わっていない(*Levada-Center*, 12.12.2022)。

他方、ロシア人が確実に米国、NATOに反感を抱いているのも事実だと言える。ウクライナでの戦争の責任についての質問には、米国とNATO加盟国のせいだとしたのが五七%、ウクライナのせいだとしたのが一七%であるのに対し、ロシアのせいだと答

えたのは七%にすぎなかった(*Levada-Center*, 28.4.2022)。そもそも戦争が始まる前の二月半ばの時点で、ウクライナ周辺での紛争の激化に責任があるのは米国やNATOのせいだとする回答が六〇%、ウクライナのせいだとしたのが一四%であった(*Levada-Center*, 24.2.2022)ことにも留意すべきであり、戦争があろうと、なかろうと、ロシア周辺の情勢悪化は米国、NATOのせいだと考えていた国民が半数以上であったことは明らかであり、そういう意味では、ロシアの安全保障のための戦争だというロシアの主張を、国民が飲み込みやすかったとも言えそうだ。

なお、ウクライナ問題に対する関心の推移も興味深い。後述するように、ロシア政府は基本的にロシア人の戦争への「無関心化」を促進したいのだが、ロシアが部分的動員令を出した頃には関心が上がり、しかし、ほとぼりが覚めたのか、一一月ごろにはまた、関心が下がっているのである。ウクライナ戦争の状況をしっかりフォローしているかという問いに対し、二〇二二年八月には非常にしているが二一%、やや熱心にしているが三〇%だったのに対し、九月には三二%、三四%と数字が跳ね上がった一方、一一月には、二三%、三五%とまた落ちているのである。なお、年齢的には、高い層ほど関心が強くなっている。ここからは、動員のインパクトの大きさと、それでも基本的に国民は戦争に対し、他人事のように捉えている傾向も見て取れる(*Levada-Center*, 12.12.2022)。

他方、プーチン政権が独自に二〇二二年一一月に実施したウクライナ侵攻をめぐる世論調査でも、明らかに厭戦機運が高まっていると思われる結果が出た。和平交渉を望むという回答は七月には三二%だったが、一一月には五五%にまで上がったというのである。そのような状況を受けて、政権は軍事作戦の情報によって国民が不安になってはいけないとして、国営・政府系メディアに対し、戦争に関する報道を減らし、ポジティブな内容の放送に努めるよう要請したという(*Meduza*, December 1, 2022)。

また、本来は政治から距離を置き、国民をまとめ上げる力を持ち得ると考えられる信仰も、今回の戦争ではポジティブな役割を果たせていない。具体的には、本来ならば戦争に反対するのが当然だと思われるロシア正教のキリル総主教がウクライナ侵攻を支持する発言を繰り返し、動員に関しても「戦死すれば罪は洗い流される」、「勇敢に兵役義務を果たせ」などと発言しプーチン大統領の政策を後押ししてきた。そしてキリル総主教とプーチン大統領は一蓮托生のような関係となっており、前者が後者による統治を「神の奇跡」と呼ぶなど、本来であれば憲法でも政教分離をうたっているロシアにおいて、異常な状況があった。正教会の分裂がウクライナ危機を誘発したという声もある中、ロシア正教の動きが注目されている。そして、ロシア正教の総主教がそのような戦争支持の立場をとっていることから、ロシア正教への失望、怒りや反発が国際的にも高まり、悲観的なムードを生んでいるものの、ロシア正教が一枚岩となって戦争を支持しているわけではない。むしろその逆である。まず、二〇二二年の侵攻直後、長司祭や司祭、輔祭ら二八六人が即時停戦と和解を訴える公開書簡（ロシア語）を発表していた。また、福音派の牧師たちも四〇〇人以上が軍事侵攻に反対する公開書簡（ロシア語）に署名をしていたことも重要だ（『Christian Today』二〇二二年三月八日）。また、起訴され、罰金を課されても、「隣人を愛せ」と説くロシア正教の司祭もいる。彼は、おそらく信徒に密告されたのだが、通信アプリやチャットなども利用して隣人愛を説き続けている（『東京新聞』二〇二二年八月二三日）。このように反戦の姿勢を明確に打ち出す聖職者がいても、キリル総主教の態度、ロシア政権の戦争での強行路線に全く影響が出ていないこと、直接に停戦を呼びかけるような行動に出ていないことなどから、ロシア正教会が国民をまとめあげる上でも、戦争反対のムーブメントを起こす上でも、実に無力であったことが表面化したことは間違いない。

こうして、戦争をめぐって、ロシア人の分断はより深まっているが、とはいえ全体としては、部分的動員令や戦闘が劣勢であることから、国民の厭戦機運が強まっており、戦争継続より和平を求める声の方が多数派になってきているのは間違いない。

3　政府の弾圧

ロシアがウクライナに侵攻した直後は、ロシアで反戦運動が盛り上がり、激しい抗議が各地で行われ、多くの人々が街頭に繰り出し、多くの著名な文化人たちも抗議の書簡を寄せたり、声明を出したりした。戦争反対の請願書には一〇〇万を超える署名が集まったが、前述の政府の弾圧が激しくなるにつれ、人々は声を顰めざるを得なくなったと、二〇二二年にノーベル平和賞に選出され、ソ連時代から人権侵害の監視に取り組んできたロシアの人権団体「メモリアル」の幹部は述べる（「〝プーチンのロシア〟社会にはびこる病は〝無関心〟」『NHK国際ニュースナビ』二〇二二年一二月九日）。筆者によるオンライン・インタビューによれば、多くの研究者も政府の方針に従わないのであれば、沈黙を保つか、国外に逃亡するしかないと述べており、国内で自由な発言をすることは極めて困難になっている。そして、国民の少なくない人々がウクライナ戦争に「無関心」になった（後述）。

このように、ロシア人の分断や無関心さがより確固たるものとなっても、反戦の気持ちを強く持ち続けた人たちはいたが、国民が抗議行動をとったり、反対の意を主張したりする動きを封じ込めた最大の要因が政府による弾圧であった。戦争勃発後、新法や法改正により、国民の動きを封じ込めようとしたのだ。

国民が戦争に無関心であれば、反対の声も生じづらいため、政府としては国民が「無関心」であることにメリットを感じた。そのため、戦争の実情をメディアで極力取り上げられないようにし、国民の意識から戦争をなるべく遠ざけ、戦争への無関心さを助長することによっても、国民の反対行動を封じ込めてきたと考えられる(9)。

そして、それ以上に実効性を持ったのが、法的な対抗策だろう。

侵攻開始直後の三月四日には、軍に関する「偽情報」に刑罰を科す新法が議会で可決、プーチン大統領も署名し、成立した。同法により、軍の活動について当局が誤っていると見なす情報を流布した個人に、罰金および最長一五年の禁固刑が科されることになった。ロシアに対する制裁の呼び掛けも対象とされることになった。また、同法成立前から、ウクライナ戦争の報道を理由に、リベラル系のメディアは検察当局から圧力を受け、ラジオ「モスクワのこだま」が閉鎖、独立系テレビの「ドシチ」[10]は業務停止とされ、また、そのことから多くの独立系メディアのウェブサイトへのアクセスが遮断されるようになったり、海外メディアも報道活動停止を余儀なくされるようになったりしていった。

そして、九月二一日には、「部分的動員令」[11]が発令されたが、第二次世界大戦以来初となる動員は部分的とはいえ、ロシア人に大きな衝撃を与えた。部分的動員は、軍務経験のある予備役を三〇万人招集する計画であったが、実際の動員数はもっと多いのではないかという疑念や、無秩序な招集が行われたケースも多かったことも国民の不安を煽ることとなり、若い男性を中心に国外への脱出の波は大きなうねりとなった。なお、一〇月二八日に、ロシアのセルゲイ・ショイグ（Sergei Shoigu）国防相は「部分動員」の終了を発表したが、実は三〇万人以上が動員されているのではないか、動員はその後も続いているのではないか、再び動員がかけられるのではないかという懸念に加え、動員兵がまともな訓練も装備もなしに前線に送り込まれ、人間の盾のように殺されているという情報などもあり、国民の不信感は募る一方であった（が、後述するように、ある一定の時間が経つと、国民の無関心度は上がる[12]）。

その後、ウクライナ東部二州（ドネツク、ルハンシク）および南部二州（ヘルソン、ザポリージャ）で「住民投票」なる茶番劇が行われ、そのでっち上げの結果をもとに、ロシアは九月三〇日にそれら四州を一方的に「編入」した。そして、一〇月二〇日に、ロシアはそのウクライナ東部二州、南部二州に対し、戒厳令を敷いた。全面的な動員や検閲、集会や夜間外出の禁止、外国人追放といった措置が取られることになったが、興味深いのは同四州だけでなく、ロシア本土にも大いにその効力が及んでいるということだ。同令の適用は、ロシアが新たに「編入」したウクライナ四州には最大レベルの対応で、クリミア半島と国境地域には中レベルの対応で、中央連邦管区および南部連邦管区で前述の地域を除く領域には高警戒レベルの対応で、その他の領域には基本的な準備レベルでの対応が適用される（Указ «О мерах, осуществляемых в субъектах Российской Федерации в связи с Указом Президента Российской Федерации от 19 октября 2022 г. No. 756»）。つまり、ロシア国民にとって、無関係ではないものなのだ。なお、戒厳令はロシア語で「戦争状態」を意味する。動員、そして、戒厳令をもってして、もはやウクライナ侵攻が「特別軍事作戦」ではなく、戦争であるということは国民にももはや隠せない状態になったと言える。

そして、二〇二二年にはロシアの悪法「外国エージェント法」の改悪の契機が二度もあった。「外国エージェント法」は二〇一二年に成立したもので、最初は外国から資金や物資の援助を受けている政治NGOが「外国のエージェント」と規定され、そのように認定されたNGOはリストに登録され、活動内容や組織指導部の構成、資金及び資産の使用状況などを当局に報告しなければならないと規定している（“Федеральный закон “О внесении изменений в отдельные законодательные акты Российской Федерации в части регулирования деятельности некоммерческих организаций, выполняющих функции иностранного агента” от 20.07.2012 N 121-Ф3,” Собрание Законодательства Российской Федерации, No. 30, Ст. 4172.）。なお、ロシア語の「外国のエージェント（Иностранныйагент）」という言葉は、ソ連時代には「外国のスパイ」を意味する蔑称だったことからも、同法は国内外から批判を受けてきた。以後、同法はたびたび改悪され、組織のみならず個人にも適用されるようになるなど、対象が拡大されてきたが、ウクライナ侵攻開始後も改悪があった。六月末に下院を通過し、七月にプーチン大統領が署名した新しい「外国エージェント法」は、一二月一日に発効し、当局は「外国の影響下にある」人についても外国代理人登録簿に含めることができるようになった。すなわち、金銭や物資の授受がなくとも、外国とのコミュニケーションがある場合にも同法が適用され、また外国籍の個人も対象となることから、言論統制のレベルがかなり厳しくなる。また、政治活動の定義も広げられ、「ロシア連邦の国益に反する」活動も対象とされるようになったが、その基準は曖昧であり、極めて恣意的に適用が行われかねない。反政府的な動きを封じ込めるために、同法がますます利用されることが危惧されている[13]。

最後に、直接関係はないとも言えるが、LGBT法の改悪についても触れておきたい。ロシアでは以前から反LGBT法があり、国際的にも問題視されていたが、ウクライナ侵攻が始まった後にも反LGBT法が改悪され、取り締まりの立場はより厳しくなった。二〇二二年一二月五日、二〇一三年に成立していた「伝統的な家族関係を否定する情報から未成年者を保護するために連邦法「健康及び発達に害を及ぼし得る情報から未成年者を保護する法律」第五条及びその他個別の連邦法を改正する法律」をより厳しくする形の改正法が成立し、ロシアが「非伝統的」と位置づける同性愛などについて関心を持たせるなどの目的で、出版やインターネットなどで情報を発信したり、公共の場で活動したりといった行為が「プロパガンダ」として規制されることになった。今回の改正により、規制範囲が拡大し、違反した場合の罰金額も引き上げられた。この流れは、プーチン大統領の欧米に対する聖戦と見なされている。つまり、プーチン大統領は西側の「価値」がロシアの伝統を乱し、すなわちロシアの安全保障を侵害するという立場を堅持しており、今回の改正を通じても、欧米の影響力を極力排除し、ロシアの伝統的価値観をより強く国内に浸透させる狙いがあると思われる。今回の侵攻を支持しているロシア正教のキリル総主教が、ウクライナのＬＧＢＴの状況を懸念していることからも、本戦争とＬＧＢＴの問題は密接だと考える。そして、反ＬＧＢＴ法の改悪は、戦争そのものから人々の目を逸らす狙いがあるとも言われている（『日テレＮＥＷＳ』二〇二二年一二月八日）。

これらの法律は、ロシア人の行動を統制する上で、極めて大きな役割を果たしていることは留意されるべきだろう。

他方、これらの抑圧的ムードの中で、長期政権の膿の蓄積も相俟って、国民の中に閉塞感が渦巻いていたという傾向もあった。そして、そのような国民のなかである意味「救世主」的な存在となったのが、かつてはプーチンのシェフとして知られ、この戦争においては民間軍事会社「ワグネル」創設者として広く認知されるようになったエブゲニー・プリゴジン（Yevgeny Prigozhin）であった（プリゴジンの詳細については、拙著『ハイブリッド戦争──ロシアの新しい国家戦略』（講談社現代新書、二〇二一年）を参照されたい）。プリゴジンはロシアのハイブリッド戦争の黒幕とも言える人物であったが、そもそも民間軍事会社はロシアで非合法組織であることもあり、これまで人前に出ることはほとんどなかった。しかし、二〇二二年九月くらいから、動画のインターネット配信などを利用して、表舞台に出るようになり、セルゲイ・ショイグ国防相やワレリー・ゲラシモフ（Valery Gerasimov）参謀総長などを激しく批判した。実はショイグ氏もかつて二六億円とも言われる豪邸の所有を暴露されたこともあり、政府内に蔓延る汚職の象徴ともなっていたことから、一部の鬱積を抱えていた国民にとって、プリゴジンは政府の闇を糾弾し、ロシアのために戦ってくれている英雄のように映った。そのため、プリゴジン人気が高まり、二〇二三年五月にはレヴァダ・センターの調査において、政治家ですらないにもかかわらず、「信頼できる政治家」ランキングの五位に入ったほどだった。プリゴジンは二〇二三年六月二三日にワグネルの反乱を起こした。モスクワ到達前に、ベラルーシのルカシェンコ大統領との合意により（ただし、プリゴジンの説得を実際に行ったのはニコライ・パトルシェフ（Nikolai Patrushev）安全保障会議書記であったなど、様々な議論がある）、反乱を取りやめ、ロストフナドヌーに戻ったところで市民に大歓待を受けた様子も報じられるなど、様々な根拠から、プリゴジンの人気の高さが確認されていた。そのため、プリゴジンの反乱後や八月二三日に飛行機墜落事故（プーチン大統領が何らかの手を下した可能性が高いと思われ、「公開処刑」などとも言われている）によってプリゴジンが死亡した後に、プーチン支持率に何らかの影響が出るのではないかと予測されたが、データ（表1、図1）からは特に影響は見られない。ここからは、救世主的な人物への関心の高まりはあっても、それが大きな政治のうねりにはつながらない傾向が見て取れる。これも一種の政治への無関心、諦めの傾向と関連している可能性もある。

4　ロシア人の反戦の気持ちと勇気ある行動

前述のように、ロシア人の戦争に賛成するパーセンテージの高さや無関心は確かに事実として存在するが、他方で、反対の意識を強く持ち、さらには危険を冒してもウクライナ人の救済に尽力するロシア人の存在があることもまた事実だ。本節では、希望の光として、そのようなロシア人にフォーカスを当てたい。

ロシアに捕まったり、戦闘に巻き込まれたりすることを恐れ、多くのウクライナ人避難民が路頭に迷っていたが、そのような避難民を救済する欧州、そしてロシアのボランティアが多くのウクライナ人を救った。欧州のボランティアとロシアのボランティアが協力したからこそ、多くの避難民が救われた事実は重要だろう。ロシア人にとってウクライナ人の避難を助ける行為は、極めて危険である。そのため、そのような動きは表面化しづらいが、いくつかの現実の活動を確認することができていることから、危険を冒してでもウクライナ人を救おうとする人は少なくないと言える。

たとえば、NHKの特番で取材がなされていた事例を紹介しよう。ウクライナ避難民が避難民を助けるので連絡をするように書いてあるサイトを見つけ、そこに連絡をすると、欧州のボランティアがロシアのボランティアに連絡をし、ロシアのボランティアはウクライナからロシア領へのタクシーを手配し、そのロシアの拠点からサンクトペテルブルグなどへの列車の電子チケットを手配、そして列車駅でロシアのボランティアが避難民を迎え、車で欧州国境まで連れていき、避難民は欧州の安全な場所での生活を始められるというような流れだ。その間の移動費、宿泊費、食費などは全てボランティアが負担してくれるという。このような避難民を支援する組織は完全なる地下組織であり、ボランティアはサンクトペテルブルグだけで一万八一八名おり、コーディネータがボランティアに、送迎や切符の手配など、様々な用務を振り分けるのだという。同番組で紹介されていたコーディネータはサンクトペテルブルグの聖職者グレゴーリ・ミフノフ＝バウテンコであった(14)。コーディネータ、ボランティアたちはネットだけでつながる関係であり、彼らを結びつけているのは心だという。ボランティアは戦争を開始した政権を生み出したロシア人としての責任を感じているというが、ボランティア自身も国外に居を移さねばならないケースが多いようだ（NHK BS1スペシャル『デジタル・ウクライナII〜埋もれた戦禍を追う』NHK、二〇二二年一一月一九日）。

また、別の事例では、ロシアからジョージアに亡命したロシア人とベラルーシ人三人が、ウクライナ人の避難を助ける「Helping to Leave」というボランティア活動を立ち上げ、アプリのテレグラムを利用して、活動を進めている。当初、ボランティアと寄付はほとんどがロシア人だったが、寄付は最初の二週間で三万ドル以上集まり、ボランティアも三〇〇人以上となり、ジョージアのほか、ポーランド、ルーマニア、フランス、オーストリア、イスラエル、米国にネットワークが広がった。

新しいボランティアは、仕事を開始する前に五時間の研修を受ける。そして、避難希望者がサイトに情報を入力すると、ボランティアたちが避難希望者の人数、ペットや子供の有無、必要なものの確認などをして、退避に必要な準備を始める。一度計画を作っても、爆撃によりそのルートや病院が使えなくなる可能性もあるため、実際に避難が終わるまで二四時間の対応が必要になるという。一日二〇時間以上、このプロジェクトに取り組むボランティアもいるそうだ。そして、避難するつもりだったが、爆撃にあい、PTSDで動けなくなったウクライナ人もいたというが、そのような時には心理学者と四人のボランティアがPTSD克服と避難を心底支えた。戦闘開始から三月九日までに七〇〇〇人以上のウクライナ人を救ったという[15]。また「Helping to Leave」は、ジョージアに避難した避難民への人道支援などの活動も行っている。

これら全てのボランティアのケースではウクライナ人の避難が終わった後も、連絡を取り合い、支え続けているとのことだ。このような動きは、今後のロシアを考える上で重要な希望の光であると言えるだろう。

おわりに

二〇二三年九月になっても、ウクライナ戦争の終結の兆しは見られず、戦争は長期化の様相を呈している。そのような中で、当局の締め付けとプロパガンダにより、プーチン政権は国内を統制できていたが、今後戦争が更に長期化すれば、ロシア人の戦争やプーチン政権を支持する気持ちにより大きな変化が起こる可能性は否定できない。

戦争勃発当初から段階的にかなり高いレベルに引き上げられてきた対露制裁の効果も、じわじわロシアを苦しめてゆくだろう。制裁によって世界のエネルギー価格が高騰する中、制裁の抜け道を利用した石油・天然ガスの輸出で、二〇二二年にロシアはかなりの収入を得ていたものの、ロシアにとっての深刻な問題は物資が「輸入できない」ということであった。それによって、産業が行き詰まり、武器製造も立ち行かなくなっていたという事実があるが、その傾向はますます顕著になるだろう。また、二〇二二年末のロシア産原油の価格上限設定や二三年一月のロシア産石油製品の価格上限設定などにより、まだ様々な抜け道はあるようだが、石油収入も厳しくなっている。さらに、頼みの綱だった並行輸入にもいくつかの国で多くの制限が設定されるようになってきた。

また、欧米の企業の撤退で最も強い影響が出るのは、都市の中産階級や若年層とも言われており、経済的混乱と相まって、それらの層が、国民の不満が爆発するようなうねりを生み出す可能性もある。

さらに、ロシアは二〇二二年一一月、史上最低レベルの低失業率となる三・七％を記録した（Federal State Statistics Service）。通常ならば低失業率は喜ばれる要素であろうが、ロシアの現状は厳しい経済状況の証明でもある。労働人口が動員及び動員を逃れるための国外流出で、極めて減ってしまっているからである。ロシアの中央銀行も、二〇二二年一二月に労働力不足を警告している。なお、この数字には出てこないが、頭脳流出が深刻であることも付記しておきたい。単純労働は中央アジアなどからの出稼ぎ労働者で補えるが、動員前から人手不足に悩まされていたIT（情報技術）分野の高技能労働者の後任を探すのは不可能だと見られている。そして富裕層がどんどん国外流出し、残された人々がより貧しくなるという構図もより顕著になるだろう（*Financial Times*, 29 November 2022）。そして、IT業界に限らず、優秀な人材が動員されたり、国外流出してしまえば、ロシアの技術、産業の未来は極めて暗いと言わざるを得ない。そういう点からも、ロシアの経済はどんどん悪化し、国民の不満の高まりの一助になるのではないだろうか。

他方、懸念されるのはロシア政府の情報戦と教育の効果である。当局によるプロパガンダに終わりはなく、そしてプロパガンダを信じ続けている一定層の国民がいる。また、ロシア政府は愛国教育を徹底化することによって、子供の心を親ロシア的にしようと企み、また、子供のうちから軍事訓練などを施し始めている。そのため、政府の方針にあわない教師は次々に解雇され、九月からの毎週月曜日の国歌斉唱、国旗掲揚、愛国心を高める講和の義務化のほか、多くの愛国教育がロシア国内の全ての学校で義務付けられるようにもなっている[16]。二〇二三年九月には史上初の国定歴史教科書が導入され、ウクライナ戦争に関する部分も含め、多くのプロパガンダが教育を利用して子供達に注入される状況が教化された。

とはいえ、総合的に考えれば、戦争でのロシア人の多くの犠牲、ロシア人男性やその家族や親しい人々の間に広がる動員への不安、経済状況の悪化、長引く戦争でのネガティブなムード、国際的孤立など、ロシア人が厭戦機運を高める要素のほうが圧倒的に多く、他方で現状のロシアにはポジティブな要素は皆無であることから、現状維持にも限界がある可能性が高いのではないだろうか。これまではロシア人の戦争への思いは二極分化が見られ、戦争に賛成したり、無関心である層がいる一方、強い気持ちを持って戦争に反対し続けたり、ウクライナ人を救うために実際に活動する人も多いというような、ロシア人の中にもかなりグラデーションがある状況があり、ロシア政府の情報統制と国民の情報の受け取り方、そして弾圧などが、ロシア人の行動をかなり制御してきたことがそのグラデーション化をより強めてきたと言える。だが、経済的な問題などで、不満が高まってくれば、現状維持が困難になる可能性もあるだろう。

本章執筆後の校正時であった一〇月三一日に、レヴァダ・センターによる興味深い社会調査の結果が出た。同月後半の一週間に、「仮にプーチン大統領がウクライナとの停戦を決めた場合、その決定を支持するか」という質問への調査が行われた。その結果、三七％が完全に支持、三三％がおおむね支持と回答し、合計して七〇％が支持を表明したのである。この結果は、一見、ロシア人の厭戦機運が高まっているように見えるが、筆者は、そのような理解はあまりに楽観すぎると考える。筆者は、その問いが「仮にプーチン大統領がウクライナとの戦争を完全勝利までやめないと決めた場合、その決定を支持するか」というものだったとしても、ほぼ同じ結果になったように思われるのである。もちろん、その確証はないわけだが、これまで論じてきたように、基本的にロシア人の多くは戦争に無関心であり、特にロシアに残っている人々は政府にとって好ましい態度をとる傾向が強い。つまり、プーチン大統領の決定なら、白でも黒でも従うというムードがあるわけで、そうだとすれば前述の問いへの回答は何か大きな変化を示しているとは思えないのである。

なお、同時に行われた「仮にプーチン大統領がウクライナとの停戦と併合した領土の返還を決めた場合、その決定を支持するか」という質問に対しては、むしろ反対が目立ち、「あまり支持しない」と「全く支持しない」の合計が五七％になったのである。つまり停戦はしても良いが、領土は返還したくないと思っているロシア人が多いことを意味する。このことは、いくらプーチン大統領であっても併合した土地を手放すというなら認めないと多くのロシア人が考えていることを意味する。つまり、ロシア人は「強い大統領、強いプーチン」が好きなのであって、プーチン大統領が強硬である以上、ロシア人はそれを支持してゆく可能性が高いと思われるのである。

今後のロシア政府、ロシア国民の動きは、戦争の行方にも大きく影響すると考えられ、これからの展開が注目される。

（1）たとえば、FRAGOMEN のサイトに、各国別にビザ規制の段階的強化が示されている（https://www.fragomen.com/insights/worldwiderussia-update-on-visa-suspensions-for-russian-citizens.html）。

（2）二〇二二年九月一四日（水）にオンラインでインタビュー。

（3）Levada-Center（2022）, *Conflict with Ukraine: November 2022*, 12 December 2022（https://www.levada.ru/en/2022/12/12/conflict-with-ukraine-november-2022/）.

（4）Philipp Chapkovski and Max Schaub, "Solid support or secret dissent? A list experiment on preference falsification during the Russian war against Ukraine," Research & Politics, 2022.9 : 2.

（5）Darragh Roche, "Putin's Approval Ratings Suffer First Fall Since Start of Ukraine War," *Newsweek*, 30 September, 2022.

（6）Marlene Laruelle, "Putin's War and the Dangers of Russian Disintegration," *Foreign Affairs*, December 9, 2022.

（7）Denis Volkov and Andrei Kolesnikov, "My Country, Right or Wrong: Russian Public Opinion on Ukraine," *Carnegie*, 7 September 2022.

（8）ただし、海外のインターネット情報を見ても、愛国心が強い若者は、海外のニュースを「フェイクニュース」だと考えるものもいたという【筆者によるモスクワ在住の研究者（匿名希望）への電子メール・インタビューによる（二〇二二年八月二〇日）】。

（9）サンクトペテルブルグ在住のロシア人政治学者（匿名希望）への電子メール・インタビューによる（二〇二二年八月一七日）。

（10）ラトビアに拠点を移して活動を継続していたが、「親ロシア」と見なされ、「国家安全保障と社会秩序への脅威を理由」に放送免許を取り消された。以後、動画配信で活動を継続している。

（11）実際には一九八〇年代にアフガニスタン侵攻のために、ソ連解体後の一九九〇年代、二〇〇〇年代初めにも北コーカサスでのチェチェン紛争のために、それぞれ数千人を招集していた。

（12）なお、動員の完了が宣言された後の、一一月初旬にロシアでは重罪受刑者らの動員を合法化した。それにより、以前は動員が禁じられていた重罪受刑者のうち、殺人や強盗、麻薬犯罪で有罪となった受刑者や犯歴のある人の動員は可能となった。法改正後も動員できないのはテロ、ハイジャック、スパイ行為などで有罪とされた者に限定される。かなりの強硬手段を用いて行われた部分動員の際に、重罪の受刑者がかなり含まれていたという批判が生じたため、その実態を追認する形で法改正がなされたと見られる。

(13)　性的マイノリティを示す言葉で、Lesbian（レズビアン、女性同性愛者）、Gay（ゲイ、男性同性愛者）、Bisexual（バイセクシュアル、両性愛者）、Transgender（トランスジェンダー、性自認が出生時に割り当てられた性別とは異なる人）の頭文字をとったものだが、Queer や Questioning（クイアやクエスチョニング）の頭文字も加え、ＬＧＢＴＱとすることも多い（本稿では便宜的にＬＧＢＴで統一する）。

(14)　この事例からもロシア正教が一枚岩で戦争を支持していないことがよくわかる。

(15)　Joseph Love, "Russian Dissenters Are Helping Ukrainians Escape Putin's War," *Truthort*, 14 April, 2022, および、"Underground Network of Russian Civilians Is Helping Ukrainian Refugees Escape War," *SOFREP*, 17 May, 2022.

(16)　具体例については、たとえば、Katya Orlova, "Russian schools attacked by the 'Patriot' system," *Novaya Gazeta Europe*, 2 January 2023.

8　ロシア・ウクライナ戦争とウクライナの人々
――世論調査から見る抵抗の意思

合六　強

（ごうろく　つよし）
二松学舎大学国際政治経済学部准教授
専門は国際政治史、ヨーロッパ安全保障
著書に『核共有の現実――NATOの経験と日本』（岩間陽子編、信山社、共著）、『NATO（北大西洋条約機構）を知るための71章』（広瀬佳一編、明石書店、共著）、『新たなミサイル軍拡競争と日本の防衛――INF条約後の安全保障』（森本敏・高橋杉雄編、並木書房、共著）などがある。

はじめに

二〇二二年二月二四日、前年秋からウクライナ国境周辺に集結していた大規模なロシア軍は、北部、東部、南部の三方向からウクライナへの全面侵攻を開始した。これにより、二〇一四年春のロシアによるクリミア侵攻とウクライナ東部紛争への介入から八年にわたって続いてきた戦争は、戦闘の規模を拡大するかたちで新たな局面に入った。それから本章執筆時点（二〇二三年七月）でまもなく一年半を迎えるが、戦争は消耗戦の様相を呈し、いつ、どのように戦争が終わるのかいまだ見通せない状況が続いている。

　ロシア・ウクライナ戦争が世界各地・各方面にもたらした影響はすでに甚大だが、それでもとりわけ酷い状況に置かれてきたのは、戦禍を生きるウクライナの人々である。ロシアからの相次ぐ攻撃により、住宅、学校、病院、エネルギー施設などが日々破壊されている。幼い子供を含む無辜の市民が故郷からの避難を余儀なくされ、またすでに多くの人が犠牲となった。さらにウクライナ軍による領土奪還が進むにつれて次々と明るみに出たのが、ロシア占領下における虐殺、拷問、レイプ、強制移住といった蛮行である。ロシア・ウクライナ戦争はすでに第二次世界大戦終結以来、最大規模の国家間戦争となっており、戦後ヨーロッパ最大の人道危機を引き起こしている。

　こうしたなか、戦争はウクライナの人々の意識にいかなる影響を及ぼしたのだろうか。本章では、ウクライナ国内で実施された世論調査の結果を用いてこれに答えていく[1]。ウクライナは汚職などの問題を抱えながらも民主主義国家である。戦時下でも世論の動向は大統領・政府としても考慮せざるをえない。今後の戦争指導や交渉に向けた方針にも影響しかねない世論の動向について見ることには一定の意義があるだろう。

またロシアの全面侵攻直後から驚きをもって注目されたのが、ウクライナ側の想定外の「善戦」である。ロシア軍が抱える構造的な問題、ウクライナ軍の能力などさまざまな理由が挙げられるが、たびたび指摘されてきたのがウクライナ国民の抵抗の意思である。ゼレンシキー（Volodymyr Zelenskyy）大統領の指導力は重要ながらも、こうした人々の意思がなければ、ウクライナ軍を支え続ける西側諸国からの武器供与は本格化しなかったかもしれないし、そもそも首都キーウを含むより多くの都市が陥落していたかもしれない。そこで本稿では上記の点とともに、二〇二一年を通じて緊張が高まるなか、ウクライナの人々の覚悟はどのようなものだったかについても見ていく。

1　プーチンの誤算——ウクライナに対する過小評価

(1) 当初の計画の失敗

プーチン（Vladmir Putin）大統領は当初、ウクライナの属国化を目的とした「特別軍事作戦」を短期間のうちに完了させるつもりだった。RUSI（英国王立防衛安全保障研究所）の報告書によれば、侵攻開始後、一〇日間で作戦を終えて占領を開始し、八月までにウクライナ全土を併合するという計画があったという。そして、迅速にウクライナ指導部を逃亡するか拘束されるしかない状況に追い込めば、その衝撃で人々の抵抗を抑えることができると見ていた[2]。つまりこの作戦の前提には、ウクライナ側が目立った抵抗することなく降伏するという見立て、あるいは抵抗を続けても「斬首作戦」によってゼレンシキー政権を排除すれば、政治の空白が生まれ、国民の士気低下とともに容易に全土を平定できるという見立てがあった。

しかし、プーチンの目論見は大きく外れた。確かに全面侵攻開始後まもなくは、両国の圧倒的な軍事力の格差から「首都陥落は時間の問題」というのが大方の見方だった。事前にロシア軍の動きを正確に把握していた米国や英国もそうした事態を恐れ、ゼレンシキー大統領ら指導部の退避と亡命政府の樹立を視野に入れた支援を申し出ていたという[3]。しかし、国が危機に瀕するなかゼレンシキーは首都にとどまることを決め、SNSを巧みに用いて国民と軍を鼓舞しながら、国際社会に向けては武器供与を含む支援を訴え続けた。

また同時に、迫り来る脅威にさらされたウクライナの人々、そして各地でロシア軍を待ち構えるウクライナ軍も徹底抗戦の道を選んだ。一部ではロシアへの内通者などによる裏切り行為も見られ、激しい戦闘を経ることなく占領を許した地域（特に南部）もあった。しかしその後、被占領地を含め各地ではさまざまな手法でロシア軍や占領当局への抵抗が続いた。その結果、戦闘・占領はプーチンが想定していた以上に困難を極めることになった。

この作戦がなぜ初期の段階で失敗に終わったかについては、ロシア軍の準備不足や士気の低さ、また戦争指導の方法など、すでにさまざまな要因が指摘されている[4]。他方、なぜプーチンが短期間で任務遂行が可能と判断したのかについては、もちろん現時点で明らかにすることは難しいが、一つの可能性として考えられるのが、自らの能力を過信し、ウクライナ軍の能力やウクライナ国民の抵抗の意思を過小評価したということである。二〇一四年にクリミアをほぼ無血で占領できたという過去の成功体験がその背景にあったかもしれない。

しかし、ウクライナ軍の「能力」は当時とは大きく変化していた。二〇一四年のロシアによる侵攻を契機に、ウクライナ軍は兵員と軍事費を急速に増やしてきた。また、NATO（北大西洋条約機構）の支援を受けつつ、国防組織、指揮統制、教育、訓練などの軍改革（近代化）も進めてきた。とりわけ重視されたのが、NATO軍との相互運用性の向上や防衛セクターにおける抜本的改革である。さらにクリミアでの苦い経験から、情報戦やサイバー防衛を含む「ハイブリッド戦争」への対抗策も講じてきた[5]。

もちろんこの間、米国をはじめとするNATO諸国から限定的な武器支援はあったものの、装備面などでは多くの問題を抱え、なにより量的にロシア軍に対して劣勢だったこともあり、全面侵攻前後にはウクライナ軍は圧倒的不利と見られていた。またウクライナの情報機関は、全面侵攻の数日前まで東部が主戦場になると予想しており、戦力の半分をそちらに振り向けるという過ちを犯していたという[6]。しかしロシア軍の失点にも助けられ、ウクライナ軍はキーウ陥落を阻止し、ハルキウなどの主要都市も守り抜いた。

（2）見誤った抵抗の意思

ウクライナ軍の「能力」に加えて大きかったのは、ウクライナの人々の「意思」であろう。

二月二四日に至るまで、すでにウクライナの人々は約一年にわたって緊張を強いられていた。というのも、二〇二一年冬から春にかけて、東部において停戦違反がそれまで以上に繰り返され、同時にロシアが「演習」名目でウクライナ国境周辺に大規模な部隊を配置し始めたからである。G7も、かつてない規模の軍備増強に危機感を強め、軍の移動の透明性に関する原則を堅持するようロシア側に求めていた[7]。ロシアからの「力による威嚇」は、すでに二〇二一年初頭から始まっていたのである。

こうしたなか多くの国民は、軍事侵攻の際に外国から得られる支援について現実的な評価を下していた。二〇二一年四月末の世論調査では、「侵攻があった場合、ウクライナはまず何に頼ることができるか」という問いに対して、五六・二％が「自分自身」と回答しており、「EU（欧州連合）・NATO諸国からの支援」（三四・九％）、「米国からの支援」（二五・九％）、「幅広い国際的な支援」（二〇・二％）など、外部からの支援には悲観的な見方を示していた[8]。

そして同年秋から大規模なロシア軍が再びウクライナ国境周辺に集結し、全面侵攻の可能性が取り沙汰されると、ウクライナではますます緊張が高まった。全面侵攻開始二週間ほど前の調査によれば、全国規模で五七・五％が、ロシアの武力介入があった際には、「何かしらの抵抗を行う（武力抵抗、あるいはデモ、抗議、行進、ボイコット、ストライキ、市民的不服従などの市民的抵抗、あるいはその両方）」と答えており、前年一二月よりもその割合は増えていた。また男性のみの結果を見ると、七一・九％が抵抗し、そのうち六〇・四％は武器を持って抵抗すると回答している。[9] すで全面侵攻の前から、いざとなれば立ち上がるという強い覚悟と決意が伺い知れる。

ここで疑問なのは、なぜプーチンがそれを見誤ったかである。現時点で確定的なことはいえないが、一部で報じられているのは、ウクライナ国民の意思について歪められた情報がクレムリンに上がっていたということである。確かにロシアもウクライナ世論については気にかけており、同国内で長年工作を続けてきたＦＳＢ（ロシア連邦保安庁）は、全面侵攻前に大規模な世論調査を実施していたという。結果は、上記のウクライナの調査機関によるものと同じく、「ウクライナ国民の大部分はロシアの侵略に抵抗する準備ができており、ロシア軍が解放者として迎えられるという期待には根拠がない」というものだった。しかし、ＦＳＢはプーチンにそれを正確に伝えず、「バラ色の評価」を与え続けた。[10]

また同様の評価をプーチンに与えていたとされるのが、かつてウクライナの元大統領府長官を務め、親露派政党「野党プラットフォーム・生活党」の指導者だったメドヴェチューク（Viktor Medvedchuk）である。彼はプーチンと家族ぐるみの付き合い（彼の実娘の「ゴッドファーザー」がプーチン）があり、ロシアからすればウクライナで影響を行使するうえで欠かせない「協力者」だった。そしてクレムリンとの間で専用回線を持つとされるメドヴェチュークは、「ウクライナ人は自らをロシア人と見て」おり、「ロシア兵がやってくれば花束を持って歓迎する」とプーチンに断言したという。[11] 確かに、侵攻開始二週間ほど前の「政党」別の調査結果を見ても、同党を支持する回答者の四五・八％は、侵攻があっても「何もしない」と回答しており（二七・四％が「抵抗」）、最高会議（議会）に議席を有する他の主要政党のなかで際立った存在だった。[12] しかし、それは決して国民全体の意思を反映してはいなかった。

（3）ロシア人との「歴史的一体性」を拒むウクライナの人々

そもそも大多数のウクライナ人は、自らをロシア人と同一視していなかった。この点で注目すべきは、二〇二一年七月にプーチンが発表した「ロシア人とウクライナ人の歴史的一体性について」と題する論文と、それに対するウクライナ国民の反応である。

よく知られているように、本論文では、古代ルーシ以来の一〇〇〇年を超える歴史を振り返り、ロシア人とウクライナ人はもともと一体だったという主張が展開されている。[13] その内容についてはすでに歴史家からも批判されているが、[14] その要点は、①そもそも大ロシア人、小ロシア人、白ロシア人からなる三位一体のロシア民族が存在した、②しかし、ソ連時代の民族政策によって、それぞれロシア人、ウクライナ人、ベラルーシ人は独立した民族だという概念が生まれた、というものである。

この論文を発表した時点ですでにプーチンが全面侵攻を決断していたかはわからないが、後から見てこれが「布石」だったとはいえるだろう。その意味で、こうした独自の歴史観に基づくウクライナへの異常な執着が、彼を全面侵攻に駆り立てた一因となったのは間違いなさそうである。

しかし、ロシア語とあわせてウクライナ語でも発表されたプーチン論文の主張は、ウクライナの人々にとって到底受け入れられるものではなかった。ゼレンシキーは、「このような大国の大統領が、これだけの分量、これだけの詳細な仕事に多くの時間を費やすことはができるのはうらやましい限りだ」と皮肉り、プーチンの主張に不快感を示した[15]。

また、論文発表直後にウクライナで実施された調査（図1）によれば、七〇・四％の回答者が、「歴史的一体性」テーゼを否定的に捉えていた。そして、「地域」「年齢」「民族」「言語」「政党」すべてのカテゴリーにおいて反対の割合が賛成の割合より多かった。例えば、「地域」別の結果を見ると、その差はやはりあるものの、この主張に賛成する割合は、西部（〇・四％）、中部（一一・七％）、南部（一八・八％）、東部（二一・八％）と、いずれの地域でも過半数を超えることはなかった[16]。

クリミア「併合」を一方的に宣言した際の二〇一四年演説や、二月二四日の演説でも見られるように、プーチンは侵攻を正当化する論理として「ロシア系住民・ロシア語話者の保護」をあげてきた[17]。しかしそもそも全面侵攻以前から、これらの住

図1　プーチン論文の主張に対する態度（地域別）

ロシア人から分離したウクライナ人という考えに歴史的根拠はなく、ウクライナ人とベラルーシ人が別の民族として分離したのはソ連の政策の結果であるという主張に同意するか

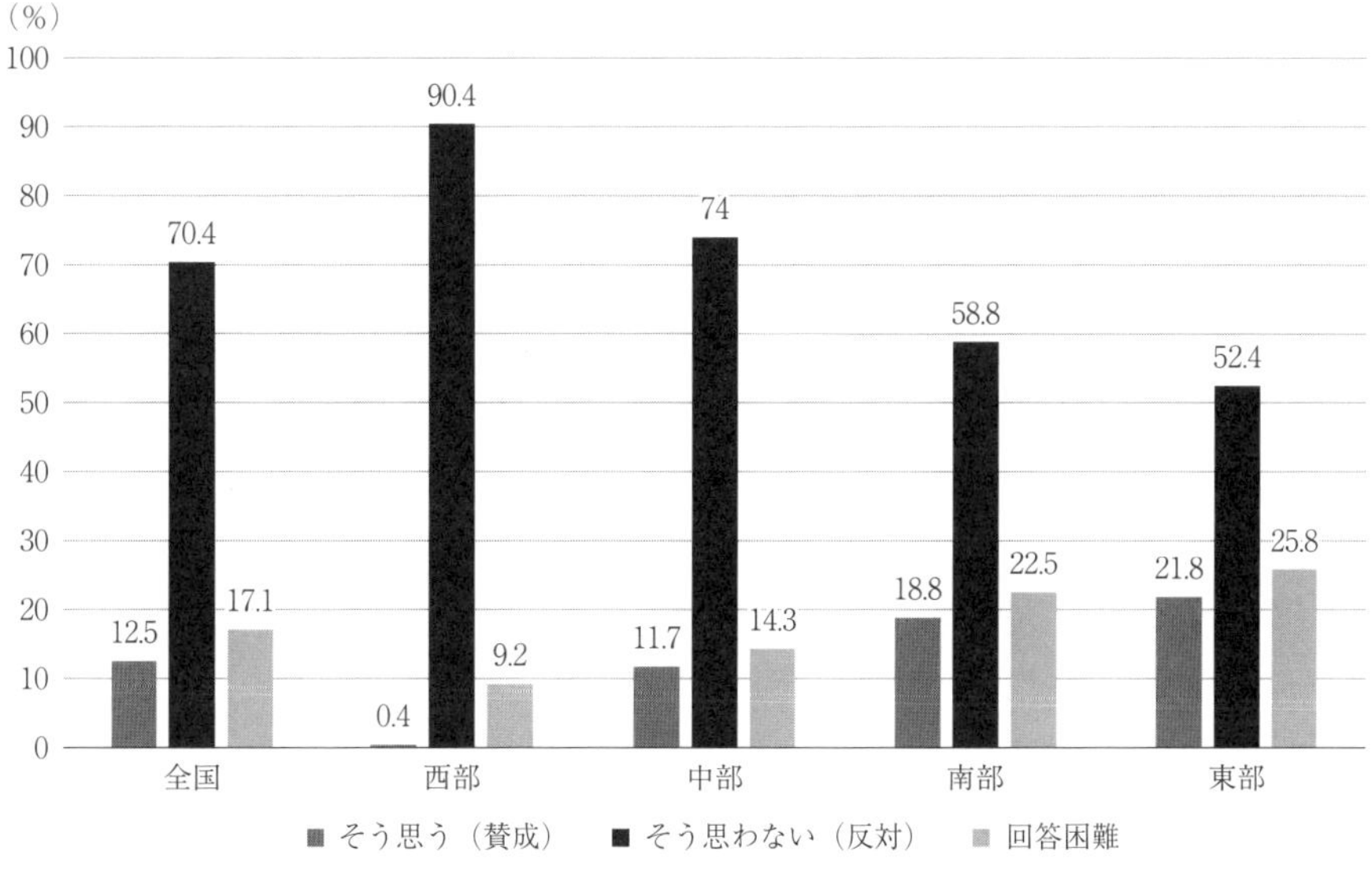

（出所）　Razumkov Centre, “Оцінка громадянами України головних тез статті В. Путіна “Про історичну єдність росіян та українців” (липень-серпень 2021 р.),” August 11, 2021 を基に筆者作成。

図２　プーチン論文の主張に対する態度（言語別）

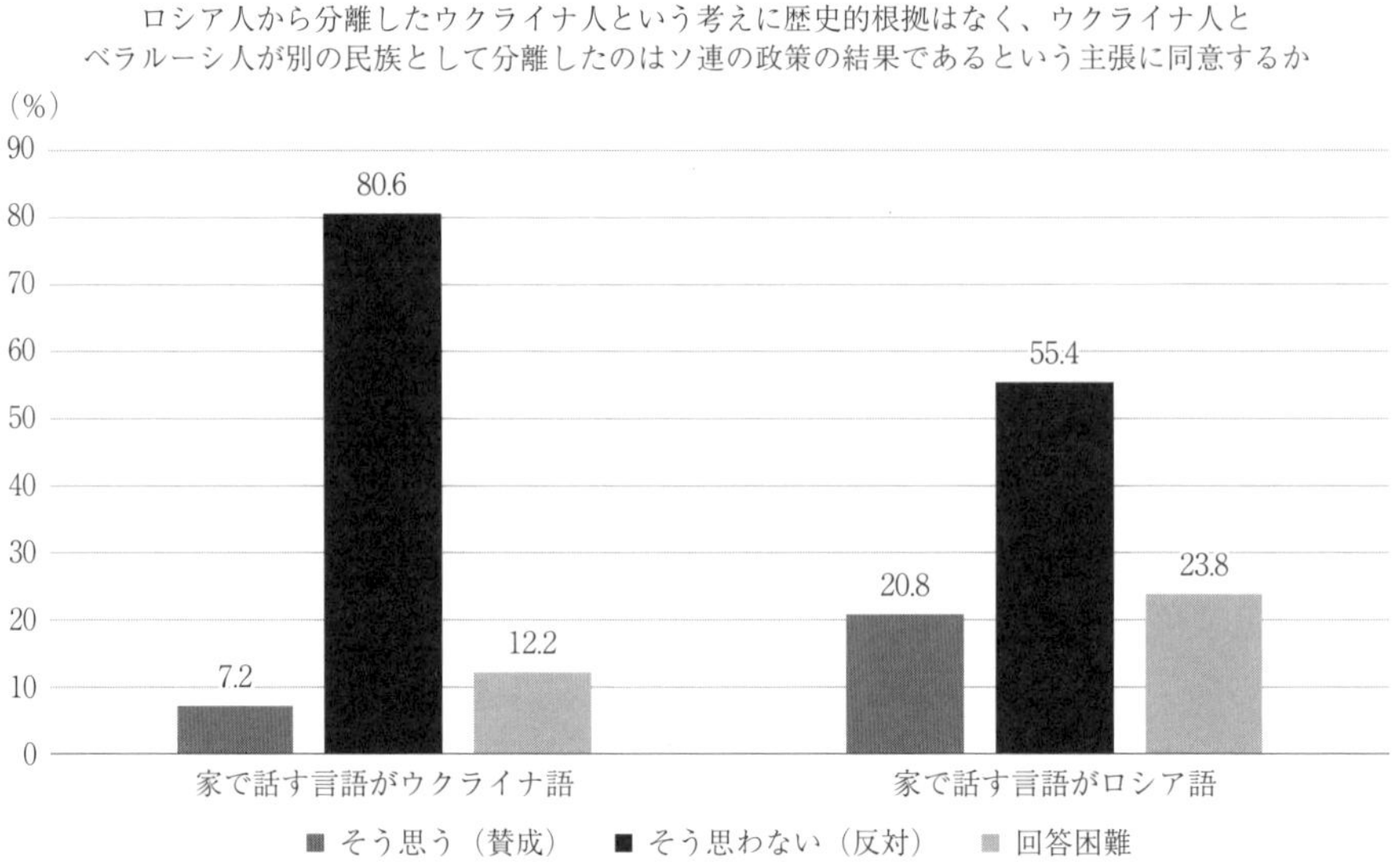

（出所）　図１と同様。

図３　プーチン論文の主張に対する態度（民族別）

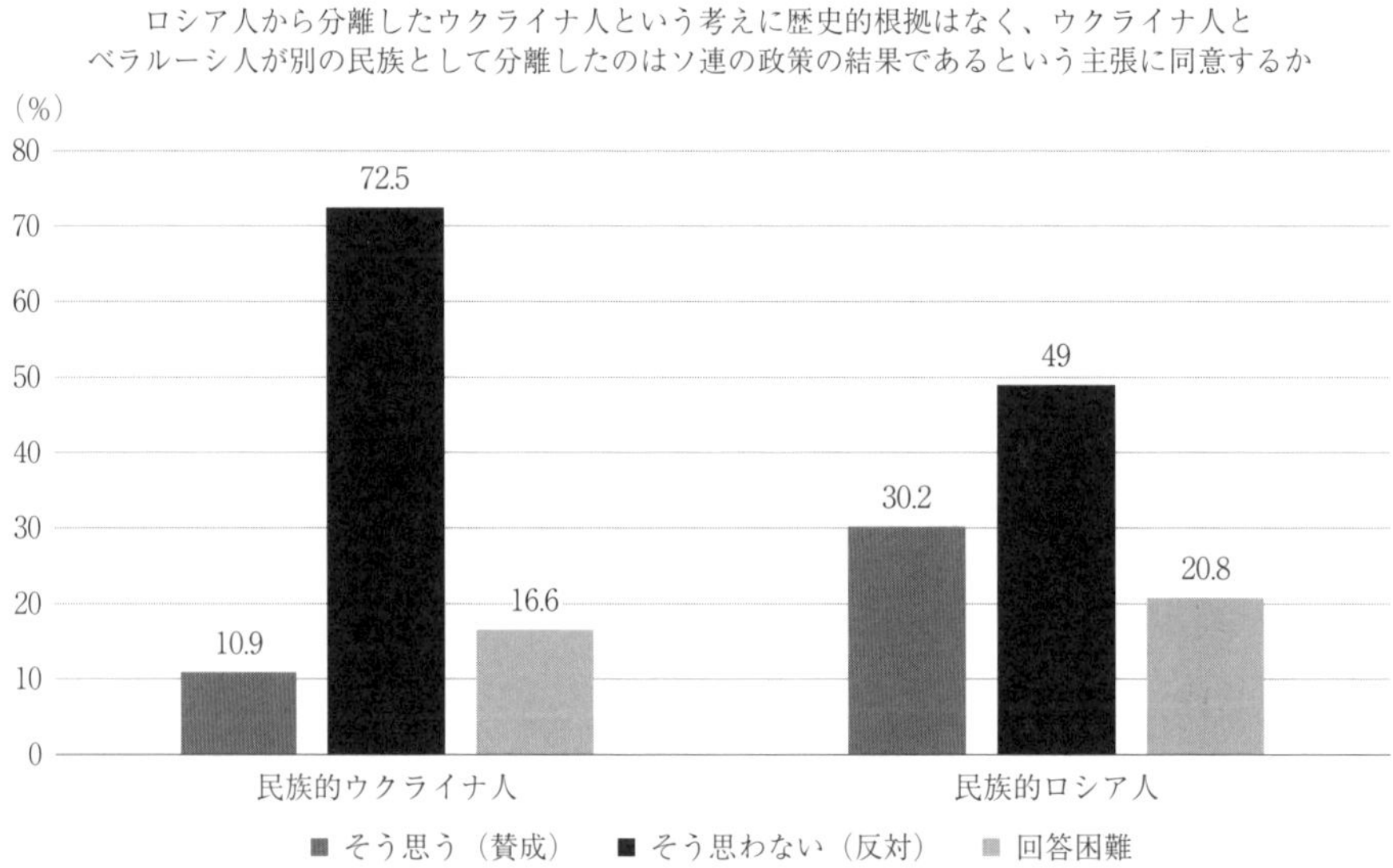

（出所）　図１と同様。

民が相対的に多いとされる南部や東部の大多数は、自らの居住する地域（州）がロシアに組み込まれることには反対の意を示していた[18]。それゆえ、上記の論文発表直後の調査（図2、図3）では、プーチンの主張に「ロシア語話者」の五五・四％が、そして「民族的ロシア人」の四九％が反対し、同意したのはそれぞれ二〇・八％、三〇・二％にとどまった。また「野党プラットフォーム・生活党」を支持する回答者ですら、賛成が三二・九％（他政党より高いが）で、反対が四〇・三％（回答困難は二六・九％）だった。一般的に「親露派」と一括りにされる地域や勢力ですら、それなりに多くの人が、「ウクライナ人とロシア人の歴史的一体性」という歴史観を共有せず、自らの居住地域がウクライナにとどまり続けることを求めていたのである。

2　戦争がもたらした影響

(1) ウクライナ・アイデンティティの高まり

それでは二〇二二年二月以降のロシア・ウクライナ戦争は、ウクライナの人々の意識にいかなる影響を及ぼしてきたのだろうか。

まず指摘できるのが、ウクライナ市民としてのアイデンティティが高まっているということである。二〇二二年七月の調査によれば、「まずなによりも自分自身を何者と捉えているか」という問いに対して、八四・六％の人が、まずは「ウクライナ市民（A citizen of Ukraine）」と答えており、「自分が住んでいる町」、「自分が住んでいる地域」あるいは「自らが帰属する民族集団」などといった他の選択肢を選んだ人の割合を大きく上回っている[19]。

図4にあるように、一九九一年の独立後一〇年の間は四〇％台で推移していたことからすれば、これは歴史的に見ても非常に高い数値といえる。また、過去にも二〇〇四年の「オレンジ革命」や二〇一四年の「マイダン革命」及びロシア侵攻という転換点はあったものの、その直後と比べてもより高い上昇率である。二〇一四年から二〇二一年までは六〇％前後で推移しており、二〇二二年二月段階では六四・六％だった。それが全面侵攻によって一気に二〇ポイントも上昇したのである。

また、この点で興味深いのが「地域」別と「民族」別の結果である。まず「地域」の結果を見ると、南部と東部でも八〇％を超える人が自らをまず「ウクライナ市民」と規定し、その割合は、西部（八五・六％）や中部（八四・一％）と大きく変わらない。そして「民族」別の結果を眺めても、「ロシア語話者の民族的ウクライナ人」「ロシア語話者の民族的ロシア人」ともに「ウクライナ市民」と答える割合が、それぞれ八一・二％、七七・七％となっている点は注目に値しよう。

もちろん戦時下の調査ということを踏まえれば、上記の結果は一時的なものという評価も可能であり、事態が収束すればその割合が減る可能性も否定できない。しかし、独立から三〇年の間に少しずつ高まってきた市民的アイデンティティは、ロシアからの言われなき攻撃が続くなかで、民族、言語、地域といった違いを超えてかつてないほど強化されている。ウクライナ

図４　自分をまず「ウクライナ市民」と見なしている回答者の割合（単位：％）

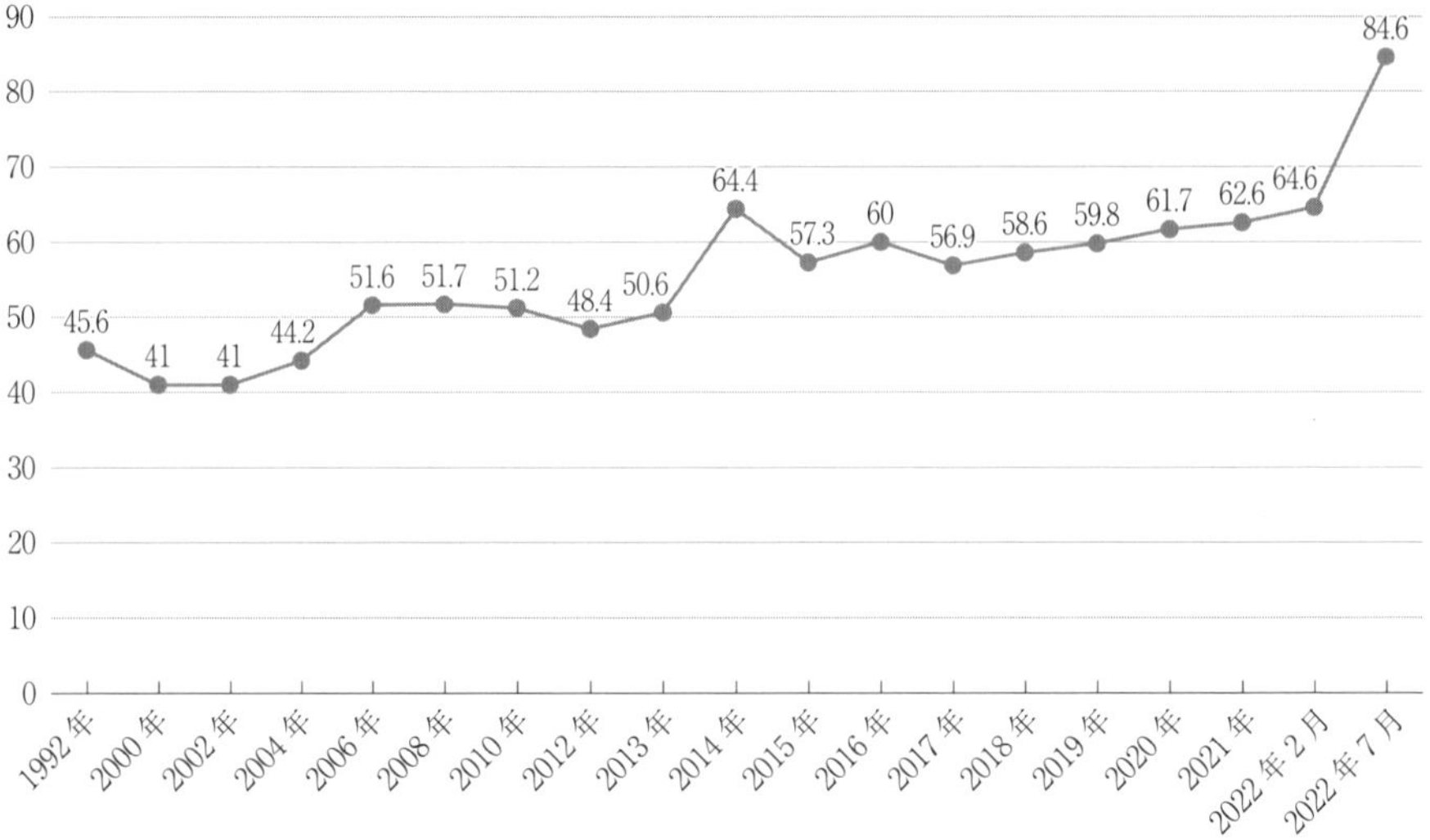

（出所）　KIIS, "Indicators of National-Civic Ukrainian Identity," August 16, 2022を基に筆者作成。

という主権国家の存在を認めようとせず、そのアイデンティティを否定してきたプーチンにとっては皮肉な結果となっており、彼は自らの行動によって、ウクライナ・アイデンティティをむしろ強固なものにしているといえよう。

（2）NATO加盟を熱望する人々

プーチンにとってもう一つ皮肉な結果となっているのが、ウクライナの人々のNATO加盟に対する認識が大きく変化している点である。

よく知られている通り、プーチンは長年ウクライナのNATO加盟に強く反発し、二〇二一年一二月には、「NATOの不拡大」を条約を通じて法的に保証することを米国及びNATOに求めた。二月二四日演説においても、これまでの米国及びNATOの政策（とりわけ東方拡大）への批判を展開したうえで、①NATOがさらに拡大し、ウクライナ領土での軍事開発が始まること、②ロシアと隣接する土地（プーチンによれば「我々の歴史的領土」）で敵対的な「反ロシア」が作られているということは受け入れ難いと述べ、侵攻を正当化した。[20]

こうしたプーチンの言動は、一九七五年にCSCE（欧州安全保障協力会議）において採択された「ヘルシンキ最終議定書」の「同盟を自由に選択する権利」を否定するものである。これは冷戦後も、ロシアを含むOSCE（欧州安全保障協力機構）各国首脳によって採択された「イスタンブール文書（一九九九年）」や「アスタナ宣言（二〇一〇年）」において繰り返し確認されてきたヨーロッパ安全保障秩序の根幹を支える重要な原則である。

　また、そもそもNATOは二〇〇八年のブカレスト首脳会合で、ウクライナが「将来の加盟国になる」ということについては合意していたものの、それ以来、加盟プロセスは全く前進していなかった。特に二〇一四年以降、ロシアがクリミア及びドンバスの一部地域を占領している状態が続き、東部での戦闘が散発的に起こるなか、NATO側は「オープン・ドア（Open Door）」の原則を維持しつつも、ウクライナを新規加盟国として受け入れるつもりはなかった。

　確かにウクライナ側はNATOへの加盟を求めていた。しかし、それは二〇一四年のロシアによるクリミア侵攻と東部紛争の勃発がきっかけだった。二〇一四年五月に大統領に選出されたポロシェンコ（Petro Poroshenko）は、二〇一〇年以来、ヤヌコーヴィチ（Viktor Yanukovych）前大統領がとってきた「非同盟」の立場ではロシアの侵攻を防ぐことができなかったという反省からこの方針を転換し、NATO加盟を目指した[21]。そして同政権末期の二〇一九年二月には憲法のなかに、NATO加盟が国家戦略の目標であるという項目が新たに盛り込まれ、その後、二〇一九年五月に成立したゼレンシキー政権下でもこの路線は継承された。

　ウクライナ国民のNATO加盟に対する認識が変わり始めたのも二〇一四年がきっかけであり、それまでは加盟への支持は一貫して低かった（図5）。二〇〇二年五月、当時のクチマ（Leonid Kuchma）大統領がNATO加盟の意思を初めて示した際の支持が三二%だったのを頂点に、その後は低下傾向にあった。それは、二〇〇四年の「オレンジ革命」を経て成立したユシチェンコ（Viktor Yushchenko）大統領によって加盟に向けた動きが活発化した時期も例外ではなかった。この頃の支持は一五～二二%程度で、不支持の声が六〇%を超えることもあり圧倒していた。また二〇〇八年八月、ウクライナと同じくNATO加盟を追求していたジョージアにロシアが侵攻した際にも、世論に大きな変化は見られなかった。そして二〇一〇年にヤヌコーヴィチがNATO加盟の道を閉ざし、「非同盟」の立場をとった時、多くの国民にとってもNATOは自国の安全保障を得るうえで魅力的な選択とは映っていなかった[22]。

　しかし、二〇一四年のロシアの侵攻・占領によってこうした認識は転換し、初めて支持・不支持が逆転した（図6）。その後、この状況が続き、二〇二一年まで支持の割合は、調査にもよるが、四〇%台後半から六〇%台前半で推移してきた[23]。もちろんこうした値は国民の「大多数」とは必ずしもいえず、変化も漸進的だったが、それでも過去の傾向と比較すれば、その変化は明らかだった。そして二〇二一年に入ってから緊張が高まるなかで支持の割合は次第に増え、二〇二二年二月以降、飛躍的に上昇した。全面侵攻直前に六二%だったその割合は、全面侵攻後、八〇%を超えている[24]。

　さらに「地域」別で見ると、伝統的にNATOに否定的な見方を有する住民が多いとされてきた南部と東部では、これまで

図 5　NATO 加盟への態度（2002〜2010 年）（単位：%）

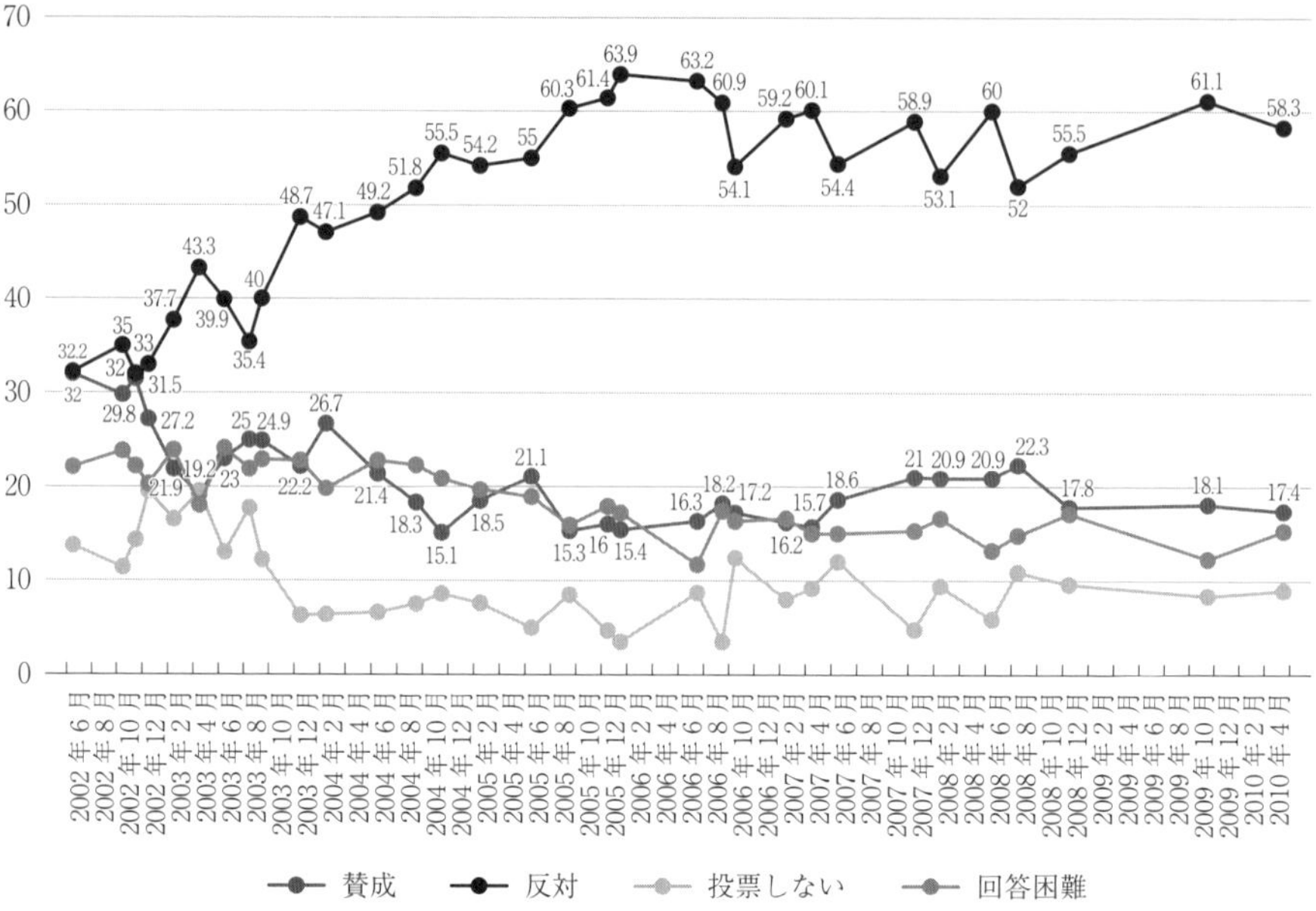

（出所）　Razumkov Centre, “Public Support for Ukraine’ s Euro-Atlantic Course: Assessments and Recommendations,” April 2021, p. 9 を基に筆者作成。

図 6　NATO 加盟への態度（2014〜2023 年）（単位：%）

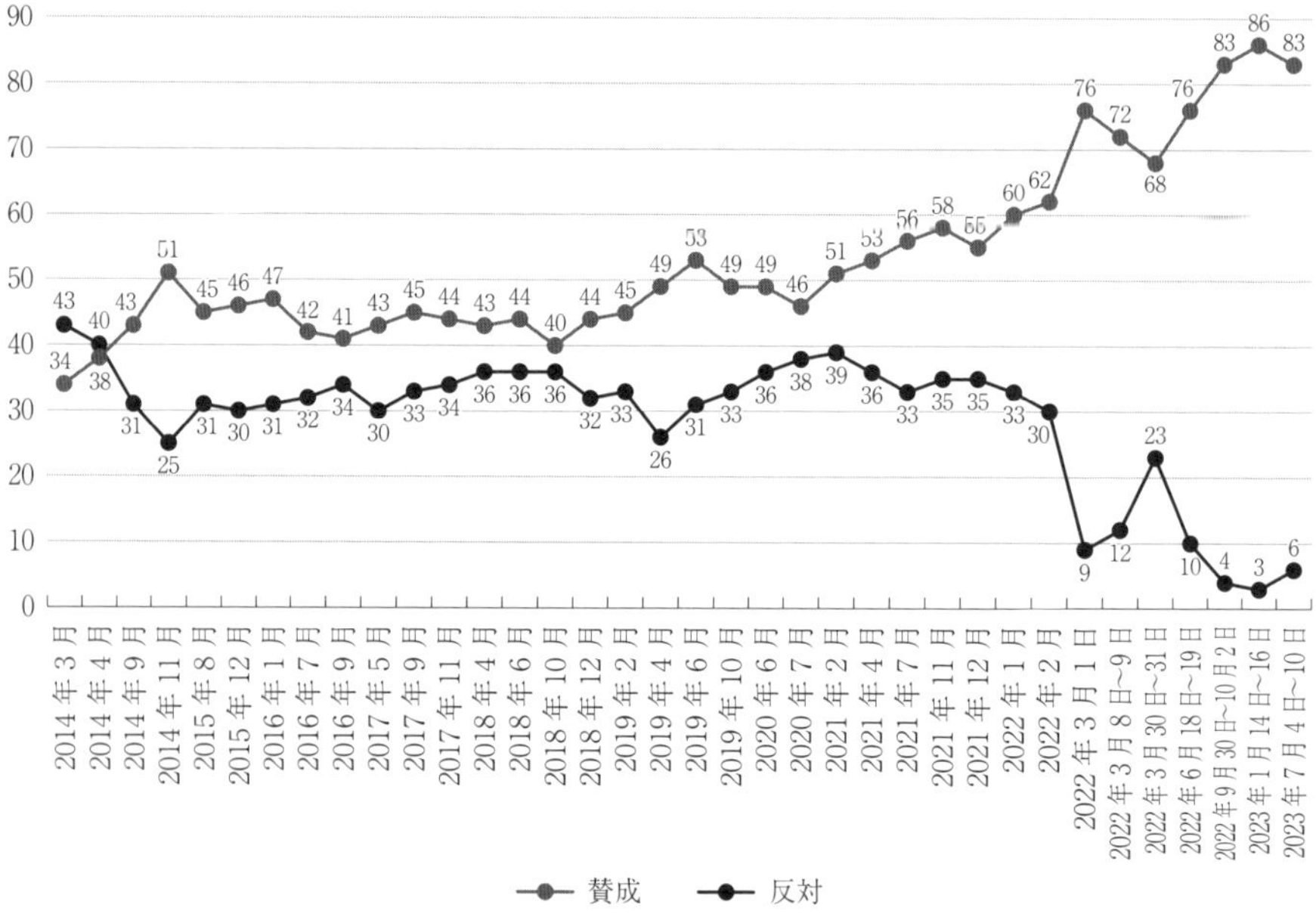

（出所）　Rating, “Support for International Unions: Survey in Ukraine and Europe (July 4-10, 2023),” July 10, 2023 を基に筆者作成。

加盟支持が過半数に至ることはなく、全面侵攻直前でもそれぞれ四八％・三六％だった。しかし、二月以降は両地域でも過半数を超え、二〇二三年七月段階で南部で八〇％、東部で七四％となり、二〇一四年にはなかった変化が見られる[25]。

こうしたなか、ゼレンシキー政権も引き続きNATO加盟路線を維持する意向を示している。確かに、ゼレンシキーは二〇二二年三月、ロシアとの停戦協議が断続的に行われるなかで、米欧諸国にロシアを加えた周辺諸国がウクライナの安全の保証を確約することを条件に、NATO早期加盟の断念（つまり「中立化」の可能性）を示唆したこともあった。しかし、同年九月末にプーチンが南部・東部の四州（ヘルソン州・ザポリッジャ州・ドネツィク州・ルハンシク州）を一方的に併合すると宣言したのに対して、NATOへの加盟を申請する意向を表明した。世論の動向がどこまで大統領の決定に影響を及ぼしたかについては今後の検証を待つしかないが、無視しえない要因だったと推測される。

いずれにせよ、プーチンは上記論文のなかで、「ウクライナの真の主権はロシアとのパートナーシップのなかでこそ可能になる」と主張したが、自らの行動によってそれとはほど遠い状況を作り上げている。軍事面だけでなく、ウクライナの人々の「心（hearts and minds）」をつかむことにも完全に失敗したといえよう。

3　「かりそめの停戦」に抵抗する人々

ロシアはウクライナの属国化という政治的目的を達成するため、軍事的手段を用いてウクライナの社会、経済、市民生活を意図的に破壊し続けている。それゆえ非戦闘地域においても、民間人や民間インフラがミサイルやドローンによる攻撃の標的になっている[26]。とりわけ二〇二二年一〇月から翌年春にかけてロシアが執拗にウクライナ全土のエネルギー施設への攻撃を繰り返したのは、戦場におけるロシア軍の劣勢を相殺するため、冬を武器にしてウクライナの人々を屈服させる狙いがあると見られている。

しかし、こうした状況にもかかわらず、人々の抵抗の意思に変化は見られず、士気も高いままである。二〇二三年五月の調査では、「たとえ戦争が長引き、独立の維持が脅かされるとしても、ウクライナはいかなる状況でも自国の領土を放棄してはならない」と回答したのが八四％だったのに対して、「早期の和平と独立維持のために領土の一部を譲歩することができる」と答えたのは一〇％だった。図7のように調査が始まった二〇二二年五月以来、ほぼ同様の結果が出ている。そして「地域」別にみても、いかなる譲歩にも反対する割合が東部においては他の地域に比べてやや低い（七五％）ものの、それでも過半数を大きく超えている（西部八六％、中部八四％、南部八六％）[27]。

また、ロシアによる都市への無差別攻撃が激しさを増すなか

図7　和平と領土的妥協（単位：％）

ロシアとの和平を実現するために可能な妥協について
以下のどの立場がより同意できるか

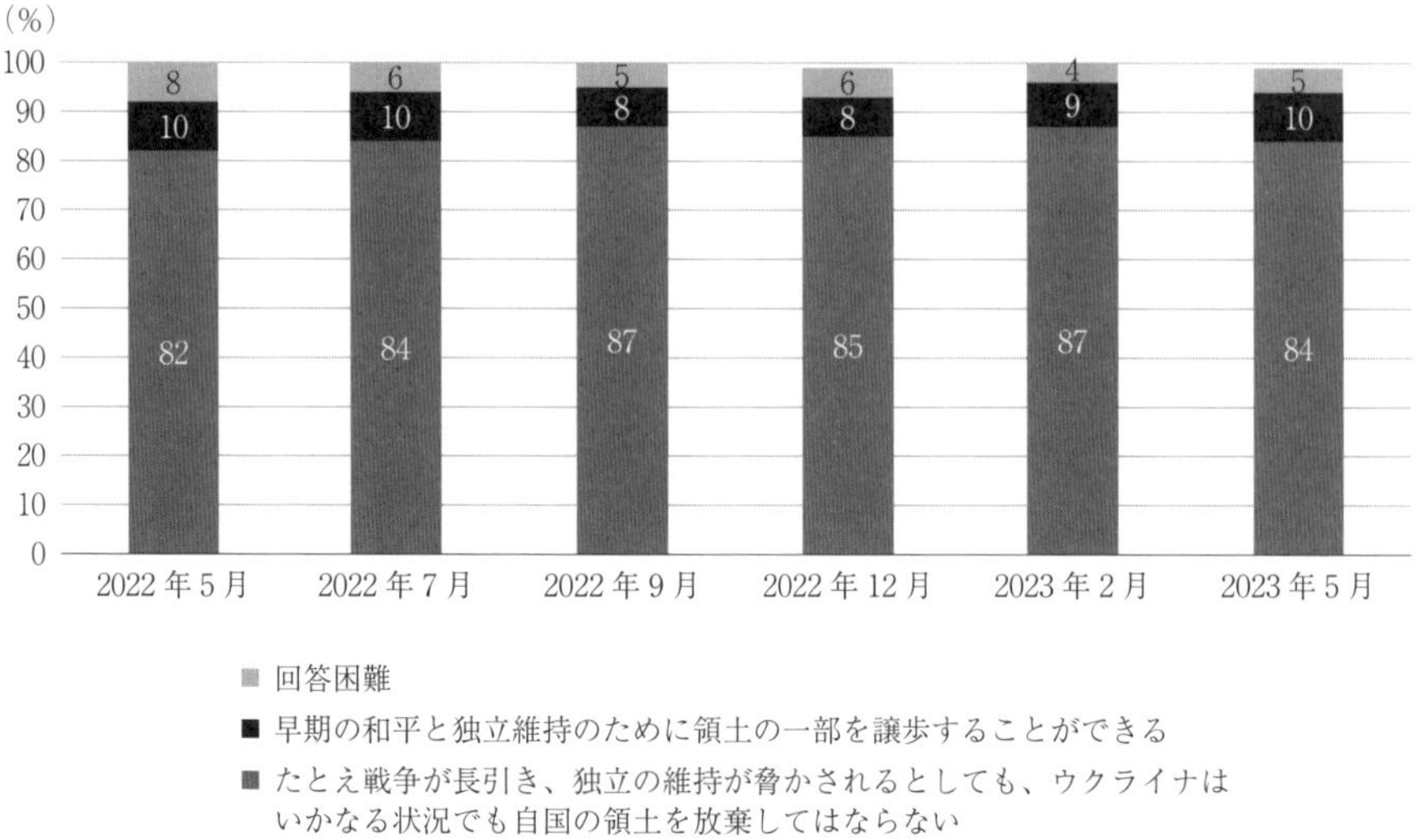

（出所）　KIIS, "Dynamics of Readiness for Territorial Concessions for the Earliest Possible End of The War: Results of A Telephone Survey Conducted on May 26-June 5, 2023," June 9, 2023 を基に筆者作成。

で実施された二〇二二年一〇月の調査では、「都市への砲撃が続いても武力による抵抗を継続すべき」と回答した者が八六％に達する一方、「ロシアに譲歩してでも一刻も早く砲撃を止めるための交渉を進める必要がある」と答えのは一〇％にとどまった。「地域」別で見ると、東部では交渉を望む者の割合が二九％と他の地域に比べて高かったものの、六九％が抵抗継続を支持している。[28] 無差別攻撃によって人々の士気を削ぐという目的がロシア側にあるならば、それはむしろ逆効果だったといえる。戦争が長引くなかでも一切の妥協を認めないというのが大多数の見解であり、領土的な妥協以外でも、政治的な妥協（例えば、NATO加盟断念や一部占領地域への自治の付与など）によって和平を得るということにも支持が集まっていない。[29]

こうした「非妥協的」な姿勢にはいくつかの理由が考えられる。まずは、当然プーチンを全く信用していないということである。例えば一部領土を割譲して平和を回復したとしても、ロシア軍が時間を稼いで態勢を立て直し、再び攻撃・侵攻を再開するに違いないという疑念が渦巻いている。二〇一五年二月に締結された、停戦と和平の道筋を定めるミンスク諸合意に基づく和平プロセスがそうだったように、停戦が一直線に和平に繋がらないことを学ぶには十分な時間があったし、プーチンがそうした譲歩で満足しないということは「二月二四日」に証明された。プーチンは首都を含めた全土の占領とウクライナの属国化を狙ったのであり、その目的が変更されたかは現時点では誰にもわからない。

また、戦争が続くなかで「ブチャの虐殺」に代表されるような、ロシア占領下における非人道的な行為が明るみに出た。しかもロシア軍は、ウクライナと停戦協議を行なっている最中にこうした行為に及んだ。現状を凍結するかたちで停戦し、被占領地が残れば、そこでさらなる犠牲が出る可能性がある。戦争が続けば犠牲が増える一方、停戦してもはたして攻撃が止まり、犠牲者の数が止まるとは限らないことを、ウクライナの人々は経験的に理解しているのだろう。

4　「勝利」とは

ゼレンシキー大統領は二〇二三年の年頭演説のなかで、国民の多くが「白旗ではなく、青と黄の旗を選んだ。逃げるのではなく敵に向かうこと、抵抗し戦うことを選んだ」と指摘し、「私たちは「勝利」というワードのために戦い、戦い続ける」と強調した[30]。それでは、士気高く、「かりそめの停戦」にも抗うウクライナの人々は何をもって「勝利」と見なしているのだろうか。

「この戦争でどこまで戦い続けるべきか」という問いに対して、全面侵攻開始直後の三月の時点で、「一九九一年に国際的に認められた国境の回復まで」と回答した割合は七四%とすでに多数だったが、その後、ウクライナ軍が二〇二二年夏から秋にかけて領土奪還を進めるなか、二〇二二年一一月には八五%まで上昇している。この間、「二〇二二年二月二四日ラインの回復まで」を求めた割合は一六%から九%へと減少した[31]。他の調査ともあわせてみると、大多数のウクライナ国民にとっての「勝利」とは、一貫してクリミアを含むすべての領土を奪還することを意味しているといえよう[32]。

ここで興味深いのは、当初こうした世論の趨勢とゼレンシキー政権の方針が必ずしも一致していなかった点である。もちろんウクライナ政府はこれまで一貫して、クリミアや東部の一部地域を含めた領土の一体性回復を求めており、その主権をロシアに譲るつもりはなかった。ただし、「どのように奪還していくか」という点については当初、現実的とも妥協的ともいえる態度を示しており、二〇二二年七月頃までゼレンシキーは、「二月二四日ライン」まで「武力」で奪還し、それ以前に占領された地域については「対話」を通じて取り戻すという「段階論」を繰り返してきた。同年五月の地元記者とのインタビューでも、すべての土地を取り戻すのは簡単ではないとして、「二月二四日ライン」までの奪還でも「勝利だ」と述べている[33]。しかし、八月以降、こうした「段階論」は聞かれなくなり、ゼレンシキー政権は武力を含めたあらゆる手段を用いてクリミアを含むすべての領土（「一九九一年ライン」）の奪還に乗り出す姿勢を強めてきた。

こうした立場の修正にいかなる要因が作用したのかについては現段階では不明だが、いずれにせよ二〇二二年夏以降、政権と国民の間で「戦争目的」についての見方は共有されていったとはいえよう。また上記の結果からは、「ゼレンシキーが国民に徹底抗戦を強いている」という構図ではなく、「国民の意思をゼレンシキーが反映している」という構図が見てとれる。

もちろん現実的な問題として、はたしてウクライナ軍が武力でもって「二月二四日ライン」、そして「一九九一年ライン」までロシア軍を追い出すことができるのかという問題は依然として残っている。二〇二三年六月にウクライナ軍は、特に南部ザポリッジャ方面で反転攻勢を開始したが、戦線が膠着していた冬の間にロシア軍によって構築された強固な防御陣地を突破するのに苦しんでいる。一つひとつの街を解放するなど着実な前進は見られるものの、大規模な領土奪還を成功するには至っていない。

またクリミアの奪還についても、軍事支援を続ける米欧諸国は、ウクライナの立場を原則支持しているものの、武力による奪還については認識が一致していないようにみえる。米国をはじめとする支援国との間で、そして支援国の間で「戦争目的」の共有が図れるのかについても、戦争が長期化するなかでますます重要な課題となるだろう。

5　今後の展望――停戦交渉と「安全の保証」

これまで見てきたように、ロシア・ウクライナ戦争はウクライナの人々の意識に多大な影響を与えてきた。この意識を理解するうえで「二〇一四年」は間違いなく転換点であったが、今回の全面侵攻はその時を上回る変化をもたらしている。

また戦争が長期化するなかで、ウクライナ国民の士気が高いまま維持されてきたことは特筆すべきである。現時点で、戦争が長引いても、すべての領土を奪還するまで武力による抵抗を続けるべきと考える国民が多いということは、今後の政権の方針を考えるうえでも重要になってくる。本来二〇二四年は、ロシアだけでなくウクライナでも大統領選挙が実施される年である。戦時（戒厳令）下ゆえはたしてそれが予定通り行われるかは見通せないが、選挙を控え、ゼレンシキー政権も世論の動向をこれまで以上に意識せざるをえなくなるかもしれない。

とはいえ、戦況の行方は予断を許さない。引き続き消耗戦が繰り広げられるなかで、全面侵攻開始後、二度目の冬をまもなく迎えることになる。また政治・外交面でも、ウクライナ・ロシアを含む各国政府の思惑が交錯し、人々の想いがそのまま現実になるとは限らない。

そもそも停戦協議（開催）の行方は往々にして戦場での現状が反映される。西側諸国はウクライナが有利な立場から交渉に臨めるよう武器を供与し続けているが、現段階ではウクライナ・ロシア双方ともに、現状が自らに圧倒的に不利とは捉えておらず、早期に交渉が開かれる機運は高まっていない。「停戦」という言葉は飛び交うものの、そもそもプーチンが求めていたのはウクライナの属国化である。この目的が維持されている限り、「無条件降伏」以外の「取引」（例えばロシア軍の全面撤退とNATO不拡大など）は不可能ということになる。またゼレンシキーが二〇二二年一一月に掲げた交渉再開のための五条件（①ウクライナの領土保全回復、②国連憲章の尊重、③戦争被害の賠償、④戦争犯罪人の処罰、⑤二度と侵略しない保証）も、プーチンには到底受け入れ難い[34]。当初「ウクライナ疲れ」が懸念されていた米欧諸国も、「交渉の時期と条件はウクライナが決める」という原則のもと、「必要な限りウクライナへの支援を続ける」という立場を継続している。烈度に変化はあったとしても、戦闘がさらに長期化する可能性が高い。

事態は流動的であり、どのようなかたちで戦争が終結に向かうかについては見通せないが、いずれやってくるであろう停戦・終戦の交渉過程で重要になるのが、「戦後」ロシアがウクライナを再び攻撃・侵攻できないようにするためにはどうすべきか、つまり、いかにウクライナの安全を保証するかという問題である。それは、ウクライナの人々が恐れるように、たとえ戦争が終わっても、再建されたロシア軍が明日にでも攻撃・侵攻を再開しては意味がないからである。

いかにウクライナの安全を保証するか（いかにロシアの行動を抑止するか）という課題に対して、国民のなかで最善の選択肢と有力視されているのはやはりNATO加盟である[35]。とはいえ、短期的にその見込みがあるわけではないことは、すでに見た通りである。

他方、ウクライナでは二〇一四年以来、法的拘束力のない文書では自らの安全保障を担保できないという不信感が強い。それは、自国領土に残置された旧ソ連の核兵器の廃棄と引き換えに、米英ロ三カ国がウクライナの独立、領土保全、そして安全の「保証（assurance）」を約した「ブダペスト覚書」（一九九四年締結）が、ロシアの侵攻を防ぐのに一切役に立たなかったからである。確かに、「核兵器を放棄しなければ侵略はなかったはず」という見解も存在するが、核武装論は現実的な選択肢として主流の議論になっているわけではない。そのなかで、NATO加盟もEU加盟も当面見込めないとすれば、「ブダペスト覚書」の二の舞にならぬよう、実効性と法的拘束力を兼ね備えた安全保障の枠組みを次善策として追求するほかない。

こうした問題意識のもとイェルマーク（Andrii Yermark）ウクライナ大統領府長官とラスムセン（Anders Fogh Rasmussen）元NATO事務総長を共同議長とする国際諮問グループは二〇二二年九月、「キーウ安全保障盟約（Kyiv Security Compact）」構想を公表した[36]。これは、ウクライナがNATOやEUに加盟するまでの間、支援国が同国の安全を「保証（guarantee）」する法的拘束力を持つ枠組みであり、ウクライナの対ロ抑止・防衛能力を向上するために必要と考えられる中長期的な支援に関する諸措置が盛り込まれていた。

これを受けて二〇二三年七月のヴィリニュスNATO首脳会合終了直後、G7議長国・日本を含むG7首脳によって発表されたのが「ウクライナ支援に関する共同宣言（Joint declaration of support for Ukraine）」である[37]。そこでは、「国際的に認められた国境内において自国を守り、将来の侵略を抑止することができる、自由で、独立し、民主的で主権国家としてのウクライナの戦略的目標に対する」コミットメントが再確認され、各国がウクライナとの間で二国間の政治、経済、軍事面での長期的な支援に関する協定締結に向けた議論を開始することが示された。この宣言への参加はG７以外の国にも開かれており、他のＮＡＴＯ諸国などがすでに参加を表明している。現段階で、ウクライナと各国の間でどのような交渉がなされ、いかなる内容の協定が締結されるかは不明だが、支援国、特に米国をはじめとするＮＡＴＯ主要国に問われているのは、ウクライナにどこまで安全の保証を与えるかである。「キーウ安全保障盟約」で繰り返されているように、ウクライナ側はより強固な「保証（guarantee）」を求めているが、G７の共同宣言ではこの語は使われず、安全の「コミットメント（commitment）」という語が用いられている。今後の二国間交渉では、協定の内容や約束のレベル、法的拘束力を持たせるかなどをめぐって激しい綱引きが展開されるだろうが、いずれ戦争が終わりに向かうなかでこの難題を克服できるかどうかが、ウクライナにおける和平が維持されるか、そしてそれを超えたヨーロッパ全体の安定が維持されるかの鍵となる。これに失敗すれば、ヨーロッパは長期にわたって紛争の種を抱え続けることになるだろう。

（1）本稿では、主にウクライナの民間社会調査機関「キーウ国際社会学研究所（KIIS：Kyiv International Institute of Sociology）」、非政府系・独立研究機関「レイティング（Rating）」、そして非政府系シンクタンク「ラズムコフ・センター（Razmukov Centre）」が発表している世論調査を用いる。なお二〇一四年以降の調査では、ロシアの占領下にあるクリミア、セヴァストポリ特別市、ドネツィク・ルハンシク両州の一部占領地域が対象となっていない。また二〇二二年二月の全面侵攻以降も上記に加えて一部占領地域では調査ができていない状況であり、各時代の結果を厳密には比較できない。しかしそれに代わる方法がないため、本稿では一般的な傾向は示されているという前提で分析を進めていく。また本稿では「地域」別の結果を示すことになる。ウクライナの世論調査では四つの地域に分けることが一般的だが、調査機関によって定義が異なる。KIIS及びRatingは、「西部」（ヴォリーニ州、リウネ州、リヴィウ州、イヴァノ＝フランキウシク州、テルノーピリ州、ザカルパッチャ州、フメリニツィキー州、チェルニウツィー州）、「中部」（キーウ、キーウ州、ヴィンニツャ州、ジトーミル州、スーミ州、チェルニヒウ州、ポルタヴァ州、キロヴォフラード州、チェルカーシ州）、「南部」（ドニプロペーロウシク州、ザポリッジャ州、ミコライウ州、ヘルソン州、オデーサ州）、「東部」（ドネツィク州、ルハンシク州、ハルキウ州）と定義する。Razmukov Centreは、フメリニツィキー州を中部に含め、ドニプロペトロウシク州、ザポリッジャ州を東部に含めている。

（2）Mykhaylo Zabrodskyi, Jack Watling, Oleksandr V Danylyuk and Nick Reynolds, "Preliminary Lessons in Conventional Warfighting from Russia's Invasion of Ukraine: February-July 2022," *RUSI Special Resources*, November 30, 2022.

（3）"Inside Zelensky's World," *Time*, April 28, 2022.

（4）例えば、Zabrodskyi et. al., op. cit. 小泉悠『ウクライナ戦争』筑摩書房、二〇二二年。

（5）NATO, "Relations with Ukraine," October 28, 2022. 倉井高志「ウクライナの戦争指導：頑強なる抵抗を支えたもの」森本敏・秋田浩之編『ウクライナ戦争と激変する国際秩序』並木書房、二〇二二年。

（6）Zabrodskyi et al, op. cit, pp. 22-23.

（7）外務省「ウクライナに関するG７外相声明」二〇二一年四月一三日。

（8）Razumkov Centre, "Public Support for Ukraine's Euro-Atlantic Course: Assessments and Recommendations," April 2021, pp. 14-15.

（9）KIIS, "Readiness to Resist Russian Interventionists Grows in Ukraine: Results of A Telephone Survey Conducted on February 5-13, 2022," February 15, 2022.

（10）"Russia's spies misread Ukraine and misled Kremlin as war loomed," *The Washington Post*, August 19, 2022.

（11）"Putin, Isolated and Distrustful, Leans on Handful of Hard-Line Advisers," *The Wall Street Journal*, December 23, 2022.

(12) KIIS, "Readiness to Resist Russian Interventionists Grows in Ukraine."

(13) President of Russia, "Article by Vladimir Putin "On the Historical Unity of Russians and Ukrainians," July 12, 2021.

(14) 例えば、Andrew Wilson "Russia and Ukraine: 'One People' as Putin Claims?," *RUSI Commentary*, December 23, 2021。

(15) "Zelensky on Putin's article: 'It's nice that a person knows Ukrainian'," *Ukrinform*, July 13, 2021.

(16) Razumkov Centre, "ОцінкагромадянамиУкраїниголовнихтезстаттіВ. Путіна "Проісторичнуєдністьросіянтаукраїнців" (липень-серпень2021 р.)," August 11, 2021.

(17) President of Russia, "Address by the President of the Russian Federation," March 19, 2014; "Address by the President of the Russian Federation," February 24, 2022.

(18) KIIS, "Support for Accession to Russia in the Southern and Eastern Regions of Ukraine," September 22, 2022.

(19) KIIS, "Indicators of National-Civic Ukrainian Identity," August 16, 2022.

(20) President of Russia, "Address by the President of the Russian Federation," February 24, 2022.

(21) 合六強「ウクライナとＮＡＴＯ加盟問題」『EUSI Commentary』二〇一五年九月。

(22) Razumkov Centre, "Public Support for Ukraine's Euro-Atlantic Course: Assessments and Recommendations," April 2021, p. 9.

(23) Ibid, p. 7; Rating, "Twentieth National Poll. Foreign Policy Moods (January 14-16, 2023)," January 23, 2023.

(24) Rating, "Foreign Policy Orientations Dynamics (February 16-17, 2022)," February 17, 2022; Rating, "Thirteenth National Survey: Foreign Policy Orientations (June 18-19, 2022)," June 2022; Rating, "Foreign Policy Orientations of the Ukrainians in Dynamics (October 1-2,2022)," October 3, 2022; Rating, "Twentieth National Poll. Foreign Policy Moods (January 14-16, 2023)," January 23, 2023; Rating, "Support for International Unions: Survey in Ukraine and Europe (July 4-10, 2023)," July 10, 2023.

(25) Ibid.

(26) 高橋杉雄「戦局の展開と戦場における「相互作用」」森本・秋田編『ウクライナ戦争と激変する国際秩序』並木書房、二〇二二年。

(27) KIIS, "Dynamics of Readiness for Territorial Concessions for the Earliest Possible End of The War: Results of A Telephone Survey Conducted on May 26-June 5, 2023," June 9, 2023.

(28) KIIS, "Russia Shelling of Ukrainian Cities: Continuation of the Armed Struggle or Transition to Negotiations," October 24, 2022.

(29) Kharkiv Institute for Social Research, "ПіслявоєннемайбутнєУкраїни," December 23, 2022, p. 9; New Europe Center, "Wartime Diplomacy: What Ukrainians Think About Ukraine's Movement Towards EU Membership and Beyond," January 2023, p. 11.

(30) President of Ukraine, "New Year greetings of President of Ukraine Volodymyr Zelenskyy," January 1, 2023.

(31) Rating, "Reconstruction of Ukraine and International Aid (November 2022)," December 13, 2022.

(32) KIIS, "Opportunities and Challenges Facing Ukraine's Democratic Transition," September 20, 2022.

(33) 「二月二四日ラインまで余分な損失なく到達することも勝利＝ゼレンシキー宇大統領」ウクルインフォルム通信、二〇二三年五月二一日。

(34) President of Ukraine, "Escalation of Russian missile and drone terror only led to the world responding with new aid to Ukraine - address by President Volodymyr Zelenskyy," November 7, 2022.

(35) Rating, "Reconstruction of Ukraine and International Aid (November 2022)," December 13, 2022.

(36) Anders Fogh Rasmussen and Andrii Yermak, *The Kyiv Security Compact: International Security Guarantees for Ukraine: Recommendations*, September 13, 2022.

(37) 外務省「ウクライナ支援に関する共同宣言」二〇二三年七月一二日。

9 NATO東翼の結束と分裂

広瀬佳一

（ひろせ　よしかず）
防衛大学校総合安全保障研究科教授
専門は欧州安全保障、欧州政治外交史
著書に『ヨーロッパ分断一九四三』（中央公論新社）、『現代ヨーロッパの安全保障』（編著、ミネルヴァ書房）、『現代ヨーロッパの国際政治』（編著、法律文化社）などがある。

はじめに

ロシア・ウクライナ戦争の勃発は、NATO加盟国に「かつてない結束」（バイデン大統領）をもたらした。ロシアの武力侵攻は、主権国家ウクライナに対する明白な国際法違反であり、同時に自由と民主主義に対する挑戦でもあった。その後、住宅や病院などへの無差別な爆撃、インフラ施設への攻撃、市民への虐殺、違法な爆弾の使用といったロシア軍の無法ぶりが次々と明らかになるにつれ、ヨーロッパにおいては、戦争前よりロシア脅威論が高まった。

冷戦後にロシアがあらためて脅威として意識されはじめた契機は、二〇〇八年のジョージア紛争と二〇一四年のロシアによるクリミア併合であった。もっとも二〇〇八年のジョージア紛争はその直後こそ西側が一斉に対ロ制裁を行ったものの、翌二〇〇九年に米国でオバマ政権が登場すると、対ロ関係の「リセット」を宣言し、ロシアとの関係は正常化に向かった。事実、二〇一〇年に出されたNATOの戦略概念では、「ロシアとの協力は戦略的重要性を持つ」と記されていた。しかし二〇一四年のクリミア併合以降、NATOはロシアとの協力を停止し、ロシアを念頭に置いた抑止と防衛の態勢強化を打ち出した。その一環として、ポーランド、バルト三国へのNATO部隊のローテーション配備が決定され、加盟国の防衛費GDP比二%への引き上げが再確認され、ウクライナ軍の近代化支援が開始された。しかしその時点でも、ロシアと隣接するNATO東翼の中・東欧においては、戦略的・地政学的な思惑、エネルギーを中心とした経済的関係、さらには歴史的・文化的背景から、ロシアに対して抱く認識は一様ではなかった。

クロアチアの国際政治学者クレチッチは、二〇一四年以降の中・東欧が、対ロ認識をめぐって大きく二つのグループに分かれていると指摘した（Kurečić, 2017）。一つが「新冷戦戦士（New cold warriors）」とされるポーランド、バルト三国、ルーマニアであり、これらはロシアと地理的に隣接しているのみならず、過去にロシアに支配・占領されてきた歴史から対ロ脅威認識が強い。そのため軍事費増大やNATOとの協力に積極的である。これに対してチェコ、スロバキア、ハンガリー、ブルガリアは「現実主義者（Pragmatics）」とされ、ロシアとの政治的結びつきやロシア産天然ガス・石油への依存を必ずしも否定的に捉えておらず、親ロ的ないし容ロ的とされていた。とりわけブルガリアはかつてロシア帝国によりオスマン帝国のくびきから解放されたことから、親ロ的であることが知られていた。

また、筆者も二〇一四年以降の中・東欧各国の安全保障戦略関連文書を比較分析した上で、中・東欧は、明確な対ロ脅威認識を持つポーランド、バルト三国と、ロシアへの一定の警戒感を有しているチェコとルーマニア、ロシアへの脅威認識が希薄なスロバキア、ハンガリー、ブルガリアの三つに分かれることを指摘した（広瀬、二〇一九）。

二〇二二年二月二四日のロシア・ウクライナ戦争勃発は、そうしたNATO東翼の国々のロシアへの多様な認識を一変させ、中・東欧すべての国が結束してロシアの国際法違反を非難し、ロシアへの制裁に参加したように思われた。

しかし戦争の長期化に伴い、中・東欧の結束には綻びも見えてきている。ポーランドがバルト三国とともにウクライナ支援を強力に推進しているのに比して、その他の中・東欧諸国では、ウクライナ支援において、微妙な差異を示している。停戦をめぐっても中・東欧は決して一枚岩ではない。そこにあるのは、西欧でしばしば指摘される、エネルギー価格上昇やそれに伴う生活物資の値上げからくる「支援疲れ」だけではない。むしろ戦争前からの対ロ認識との連続性さえ観察することができる。こうしたことは、今後いかなる形で停戦交渉が行われようと、その後に影響を及ぼす可能性がある。そこで本章では、ロシア・ウクライナ戦争勃発後の中・東欧の結束の実態を確認した上で、その背景に垣間見える分裂の兆しを検討するとともに、そのことがもたらす今後のヨーロッパ秩序構築にとっての意味を明らかにしたい。

1　NATO東翼における結束

ロシアによるウクライナ武力侵攻に対して、中・東欧の首脳は、一斉にウクライナの主権侵害と国際法違反を非難した。そもそも二〇二二年二月二四日の侵攻直後に、ロシアによるウクライナ侵攻が引き起こした周辺国の軍事的緊張の高まりを受けて、北大西洋条約第四条（領土保全、政治的独立への脅威に対する協議条項）に基づく協議を要請したのは、ポーランド、バルト三国、チェコ、スロバキア、ルーマニア、ブルガリアの中・東欧八カ国であった。中・東欧はその後のNATOやEUの非難声明にも参加し、三月二日の国連総会によるロシア軍の即時撤退を求める非難決議にも賛成した。

地域協力のレベルでも結束が見られた。中・東欧には、冷戦後のNATO加盟やEU加盟を求めるなかで、加盟候補国の協議体から発展した「ヴィシェグラード協力（V4）」と呼ばれるポーランド、チェコ、スロバキア、ハンガリーの地域協力が展開していた。このV4は二〇二二年三月八日に、ロシアのウクライナ侵攻が、国際法違反でありヨーロッパの安全保障を脅かしていると非難する首脳声明を出した。

また、ロシアの二〇一四年のクリミア併合により高まったロシアへの警戒感を背景として、二〇一五年にルーマニアのヨハニス大統領が主導する形で、エストニア、ラトビア、リトアニア、ポーランド、チェコ、スロバキア、ハンガリー、ルーマニア、ブルガリアの九カ国からなる「ブカレスト9（B9）」という外交・安全保障の協議枠組みが発足していた。B9は、二〇二二年六月一〇日にNATOのストルテンベルグ事務総長を迎えた首脳会議において、ロシアが脅威となっていることを表明した上で、中・東欧に展開していたNATOの「戦闘群（Battlegroup）」を大隊規模（約一〇〇〇人）から旅団規模（約五〇〇〇人）に改編し、強化することを求める共同声明を出した。NATO戦闘群とは、中・東欧の防衛態勢強化のために二〇一四年に打ち出された「強化された前方プレゼンス（eFP）」の一環として創設された部隊で、二〇一六年に、バルト三国とポーランドにそれぞれNATO加盟国のローテーションにより展開されていた。

B9諸国の強い要請は、二〇二二年六月末にマドリードで開催されたNATO首脳会議においても了承され、バルト三国とポーランドの防衛態勢は旅団規模に拡大されること、これまで戦闘群の派遣されていなかったスロバキア、ハンガリー、ルーマニア、ブルガリアへも戦闘群が派遣されることが確認された。その結果、NATOは、中・東欧全体では戦争前の五倍強となる二万五〇〇〇人規模の即応態勢となっていた。それはまた、前線には小規模の部隊を配置し有事の際には増援部隊を派遣して対処するという態勢から、前線に重装備の部隊を置き頑強な抵抗力を示すという拒否的能力の強化による抑止態勢への戦略の変更でもあった。二〇二三年七月のビルニュスでのNATO首脳会議においては、有事に備える即応態勢整備のための「地域防衛計画」が承認された。旅団規模となる戦闘群をローテーションにより配備するのか、それとも常設基地を設置するのかという問題は残っているものの、NATO東翼での抑止と防衛の態勢整備は進展しつつある。

米国もNATO東翼の安全保障を高めるために、ヨーロッパに一〇万人の米軍を投入した。冷戦後に五万人まで削減が進められてきた在欧米軍にとって、一〇万人規模は二〇〇五年以来最高の水準であった。こうした措置がとられたことは、NATO東翼の領土を守る集団防衛の強い決意を示したものであると同時に、中・東欧の一致した危機意識の反映でもあった。こうした認識や防衛態勢の動向は、「漂流」あるいは「分裂」と呼ばれる状態（広瀬、二〇一九）にあった戦争前とは大きく異なっているかのように見えた。

2 対ロ強硬派ポーランド

中・東欧の結束を牽引し、ロシアに対して最も厳しい対応を求めているのはポーランドとバルト三国である。歴史的に何度も併合され、あるいは領土を奪われ、第二次世界大戦後にはイデオロギー的に支配されたのみならず、ロシア領カリーニングラードと隣接しているポーランドにとって、ロシアは歴史的にも安全保障面でも、最大の脅威である。冷戦後の九〇年代にソ連が崩壊しロシアが民主化を模索するなかで、そうした認識はいったん緩和されたものの、二〇〇八年のジョージア紛争以降、再び脅威認識は高まり、NATOに対して集団防衛のための態勢強化を求めるようになった。とりわけ二〇一五年に右派でナショナリスト的性格の強い「法と正義」政権が誕生すると、ポーランドはロシアに対する強硬な姿勢をあからさまに示すようになり、同時に米軍との関係強化を求めた。

かつてロシア帝国およびソ連によって併合され支配されてきたエストニア、ラトビア、リトアニアのバルト三国にとっても、ロシアによるウクライナ侵攻は、勢力圏的発想の復活であり、他人事ではなかった。とりわけエストニア、ラトビアは国内にロシア系住民を人口の二割から三割ほど抱えているため、ジョージア紛争、クリミア併合の時期から、ロシアに対する不信感を高め、その影響力拡大を懸念していた。

こうしたことから、戦争勃発以来、ポーランドやバルト三国は、クレチッチの言う典型的な「新冷戦戦士」としてロシアを激しく非難するとともに、ウクライナへの強力な支援を行った。キール世界経済研究所のウクライナ支援データ（Trebesch et al., 2023）によると、二〇二二年一月〜二〇二三年五月までのウクライナに対する実施済み二国間武器援助において、ポーランドは米国を除くと英国、ドイツに次いでヨーロッパで三番目の規模を実施していた。かつてソ連圏であったポーランドは、ウクライナ軍が使い慣れている旧ソ連製の兵器を多く保有していたため、それらを中心に小銃や機関銃などの軽火器から歩兵戦闘車、榴弾砲、戦車などの重火器や戦闘機まで、幅広い武器援助を積極的に行っていた。一方、バルト三国はいずれも小国なので武器援助額自体は大きくないものの、対GDP比で見るとエストニア、ラトビア、リトアニアが上位三カ国を占めており、人道支援、財政支援や難民支援を含めた二国間援助の対GDP比でも、エストニア、ラトビア、リトアニア、ポーランドが、上位四カ国を占めていた。

また、ポーランドは最大の難民受け入れ国でもあり、ウクライナからヨーロッパに逃れた六〇〇万人以上の難民の約六分の一にあたる一〇〇万人以上を引き受けていた。これはドイツとほぼ同じ規模であり、第三位のチェコの倍以上の数となっていた（UNHCR, Ukraine Refugee Situation, 2023）。

さらに、ポーランドは各国からのウクライナ支援の重要な拠点として、南東部ジェシュフの空港を提供していた。二〇二二年以前は、ワルシャワやロンドンに一日十数便が発着する地方空港であったが、ロシアによるウクライナ侵攻以降、ウクライナ支援の最前線の空港となり、軍民問わずウクライナ支援のための物資を乗せた多数の航空機が発着するようになった。世界各地から運ばれた様々な支援物資は、ここで車両や鉄道へ積み替えられて、ウクライナ国内に運ばれていた。

ポーランドの積極的なウクライナ支援の背景には、社会の強い危機意識が存在していた。ポーランド世論調査センター（CBOS）によると、二〇二二年三月以降、毎月実施されている世論調査において、常に約七割から八割の人々がロシア・ウクライナ戦争をポーランドの安全保障にとっての脅威と受け止めていた（CBOS, 2023）。

3 NATO東翼における分裂

ポーランドやバルト三国に対して、その他の中・東欧、すなわちチェコ、スロバキア、ハンガリー、ルーマニア、ブルガリアは、歴史的にロシアに直接占領あるいは併合されたことがほとんどなく、ソ連崩壊後は、ロシアと直接国境を接することもなくなっていた。一方で、パイプラインを通してエネルギーをロシアに依存していた。そのためロシア・ウクライナ戦争前までのロシアに対する認識も一様ではなかった。これらの国はNATOやEUによる公式のロシア非難声明に同調しつつも、対ウクライナ武器援助や対ロ制裁への対応には、ばらつきがあった。

二〇二二年一月から二〇二三年五月までのウクライナに対する実施済み二国間武器援助（Trebesch et al., 2023）の総額を見ると、ポーランドの二四億ユーロに対して、チェコが四億六千万ユーロ、ブルガリアが二億四〇〇〇万ユーロ、スロバキアが二億二〇〇〇万ユーロとなっているが、ハンガリー、ルーマニアはほとんど武器援助を実施していなかった。もっとも消極的なのはハンガリーで、権威主義的なオルバン政権は、エネルギーの対ロ依存度が高い石油・天然ガスのロシアからの輸入を継続する一方で、武器援助は拒否していた。それのみならず、隣接するウクライナへの武器援助の輸送ルートとなることも拒んでいた。また一刻も早い停戦を求めるなど、戦争の交渉による解決を求める急先鋒でもあった。ルーマニアも援助は防弾チョッキ、ヘルメットといった非殺傷性物資が中心で、殺傷兵器については弾薬程度に留まっていた。ブルガリアは二〇二三年六月までは武器援助には消極的であったが、親欧米派の政権が発足したことで武器援助政策の転換を表明している。これに対してチェコ、スロバキアは弾薬や銃などの軽火器のみならず、歩兵戦闘車、榴弾砲、戦車などの重火器の援助も実施していた。これはポーランド同様、ウクライナ軍が使い慣れている旧ソ連製の兵器を保有していたためである。

ただし、例えばスロバキアの武器供与の内訳を見ると、主な重火器は旧ソ連製のズザナ一五五mm自走榴弾砲（二四両）と歩兵戦闘車BVP-1（三〇両）の二種類で、このうちズザナ自走榴弾砲は、商業契約による有償供与となっていた。一方、BVP-1歩兵戦闘車（三〇両）のウクライナへの供与は無償であったが、ドイツからのレオパルド2A4戦車（一五両）の導入と引き換えであった。また、旧ソ連製のMi－17多目的ヘリコプター4機とMi－2多目的ヘリコプター1機の供与についても、その代償として米国のUH-60M Black Hawk汎用多目的ヘリコプターの発注契約が成立していた。さらに、ウクライナに無償供与したS－300長距離地対空ミサイルシステムについても、その代償として、米軍によるパトリオットミサイル部隊の展開が行われた。スロバキアよりはるかに無償援助の多いチェコでも、一部にはこうした代償方式が見られる。たとえばウクライナへの旧ソ連製T－72M1戦車（約四〇両）援助の代償として、チェコはドイツからレオパルド2A4戦車（一五両）を受け取っており、さらに同型戦車五〇両の数年以内の取得に関する契約も締結している。

　このようにスロバキアやチェコの武器援助には、旧ソ連製兵器から欧米製兵器への装備の更新を促進するという側面のあることがわかる。とりわけスロバキアの武器援助は、半数以上が有償で、かつすべての重火器について代償方式による装備更新を伴っていた。この点は、西側の武器を、その習熟のための訓練までセットでウクライナに無償援助をする米英の姿勢と同じとは言えない。

　対ウクライナ武器支援に積極的なバルト三国とポーランド、やや消極的なチェコ、スロバキア、消極的なハンガリー、ルーマニア、ブルガリア（二〇二三年六月まで）という分裂傾向は、人道支援、財政支援においてもある程度共通する。武器援助を含めた二国間援助のトータルの対GDP比ランキングを見ると、エストニアは一位、ラトビアは二位、リトアニアは三位、ポーランドは四位に対して、スロバキアは五位、チェコは一一位、ブルガリアは一四位、ルーマニアは三〇位、ハンガリーは三三位であった（Trebesch et al., 2023）。

　ハンガリー、ルーマニアにおける対ウクライナ支援の消極性には、「支援疲れ」と呼ばれる要素が重なり合ってくることにも注意が必要だろう。この問題は、ロシア・ウクライナ戦争が、経済制裁によるロシアのエネルギー禁輸のため石油・天然ガスの高騰を引き起こし、それが各国にインフレと景気後退をもたらしているという問題である。

　実際に欧州委員会が二〇二二年五月に対ロ追加制裁としてロシア産原油の輸入禁止措置を検討した際には、ハンガリーが猛反発したほか、チェコ、スロバキアやブルガリアも制裁の発動に猶予期間を設けることを求めた。こうした中・東欧諸国の反発に対して、EUは制裁案の内容を修正した結果、ロシア産原油の輸入禁止を柱とする対ロシア制裁パッケージ第六弾は、提案から一カ月を経た二〇二二年六月三日、EU理事会においてようやく採択された。この制裁では、海上輸送によるロシア産原油のEUへの輸入は六カ月間の猶予期間の後に全面禁止されることとなった。またパイプライン経由の原油輸入はハンガリーなどの主張を受けて禁止対象から除外された。そのほか、ブルガリアは二〇二四年末まで海上輸送によるロシア産原油の輸入が認められることとなった。

　このように戦争が長期化し、各加盟国の経済への影響が拡大すると、国際法違反や国際正義の立場からの対ウクライナ支援や対ロシア制裁の継続が、次第に難しくなる可能性がある。さらに、バルト三国やポーランド以外の中・東欧の国々に関しては、戦争前からの対ロ認識の違いにも留意する必要がある。これらの国々の社会における対ロ認識は、ロシア・ウクライナ戦争の前後でいかなる変化があったのだろうか。

4　中・東欧社会の断絶と連続

NATOにとってウクライナへのロシアの侵攻は、第一にルールに基づく国際秩序への挑戦であり、第二に民主主義や人権のような共通の価値に対する挑戦であり、第三にロシア・ウクライナに隣接する加盟国に対する安全保障上の脅威であった。しかし中・東欧の社会においては、特に第二および第三の点で認識が一致しているとは必ずしも言えない状況にある。

スロバキアのシンクタンクGLOBSECが戦争勃発後に中・東欧において行った世論調査（*GLOBSEC Trends*, 2022）によると、ロシアの侵攻に対する戦いは民主主義を守るものであるという認識に同意する人は、ポーランド（八三％）、チェコ（八一％）では圧倒的多数派であったが、スロバキア、ハンガリー、ルーマニア、ブルガリアは五〇％以下であった。またロシアに対する脅威認識については、戦争前の二〇二一年と戦争勃発後の二〇二二年に実施された世論調査によると、中・東欧においてロシアを脅威であると答える人は、戦争勃発を挟んでポーランドを筆頭に、すべての国で増加していた。しかし、戦争前の段階でロシアを脅威とみなしていた人は、ルーマニア（三〇％）、スロバキア（二〇％）、ハンガリー（二五％）、ブルガリア（三％）では必ずしも多くはなかった（図1）。さらに、戦争勃発後でも、ロシアが脅威かどうかの二択でたずねた調査では、ハンガリーとブルガリアにおいて脅威ではないと答える人の方が多かった（図2）。

また、ウクライナに対するEUの武器援助への賛否を問うたユーロバロメータの調査では、ポーランド（八七％）、エストニア（八八％）、リトアニア（八四％）、ルーマニア（七二％）などで賛成が多かったものの、スロバキア、ハンガリー、ブルガリアでは、反対の方が多かった（図3）。燃料やそのほかの価格が上昇しても強力な制裁を課すべきかとの問いに対しても、ポーランド（八八％）、チェコ（七八％）、ルーマニア（六一％）で賛成が多かったが、スロバキア、ハンガリー、ブルガリアでは賛成が五〇％以下であった。

さらに、将来のウクライナの国際的地位についてたずねた質問では、ポーランド、バルト三国、チェコ、ルーマニアではEUまたはNATOのいずれか、ないし両方に加盟することを支持する人が多かったのに対して、スロバキア、ハンガリー、ブルガリでは中立を求める人がEU／NATO加盟を求める声よりも多かった（図4）。

このように、中・東欧諸国の世論調査を見ると、ポーランド、バルト三国、チェコはロシアを脅威とみなし、ウクライナへの武器援助に積極的で、ウクライナのEUないしNATO加

図1　戦争前と戦争勃発後の対ロ脅威認識

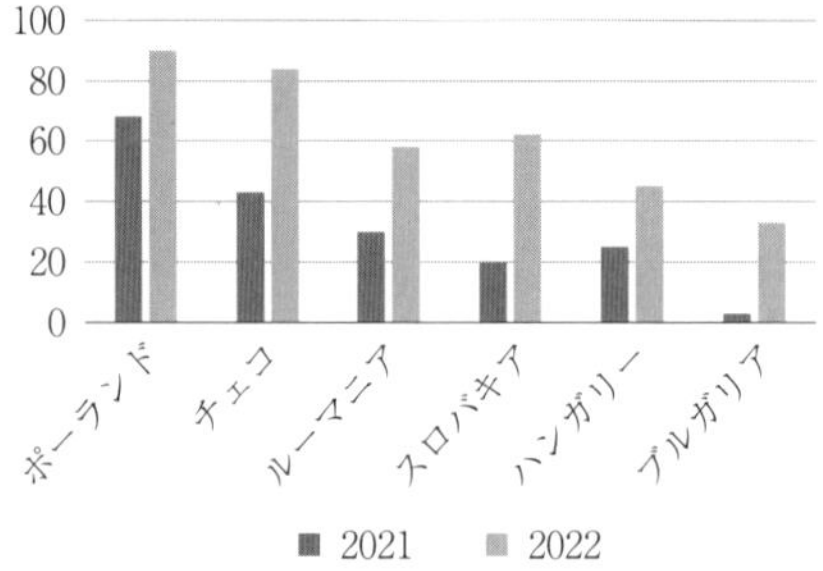

（出所）　*GLOBSEC Trends 2022*, p. 40.

図2　ロシアは脅威か（戦争勃発後）

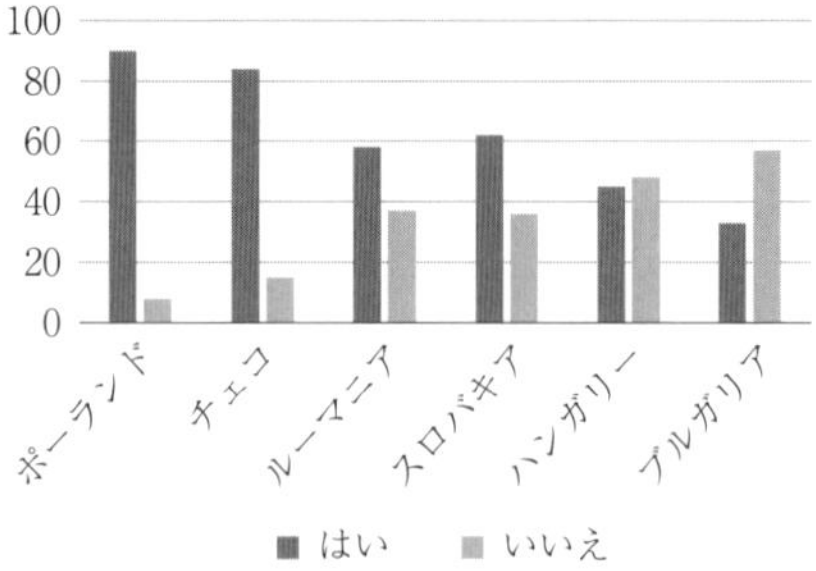

（出所）　*GLOBSEC Trends 2022*, p. 51.

図3　EU による武器援助に賛成か

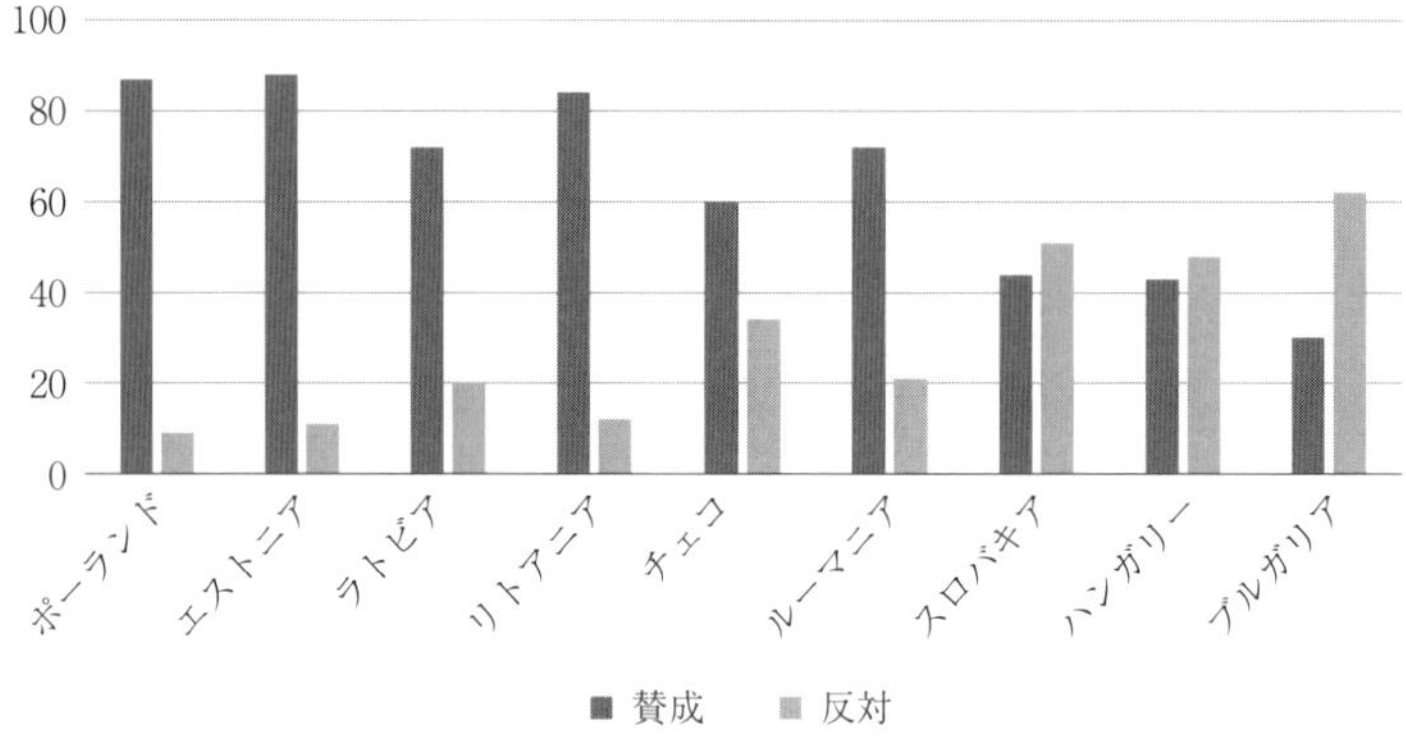

（出所）　Eurobarometer, *Flash Eurobarometer 506*, 2022, p. 25.

図4　ウクライナは将来どうあるべきか

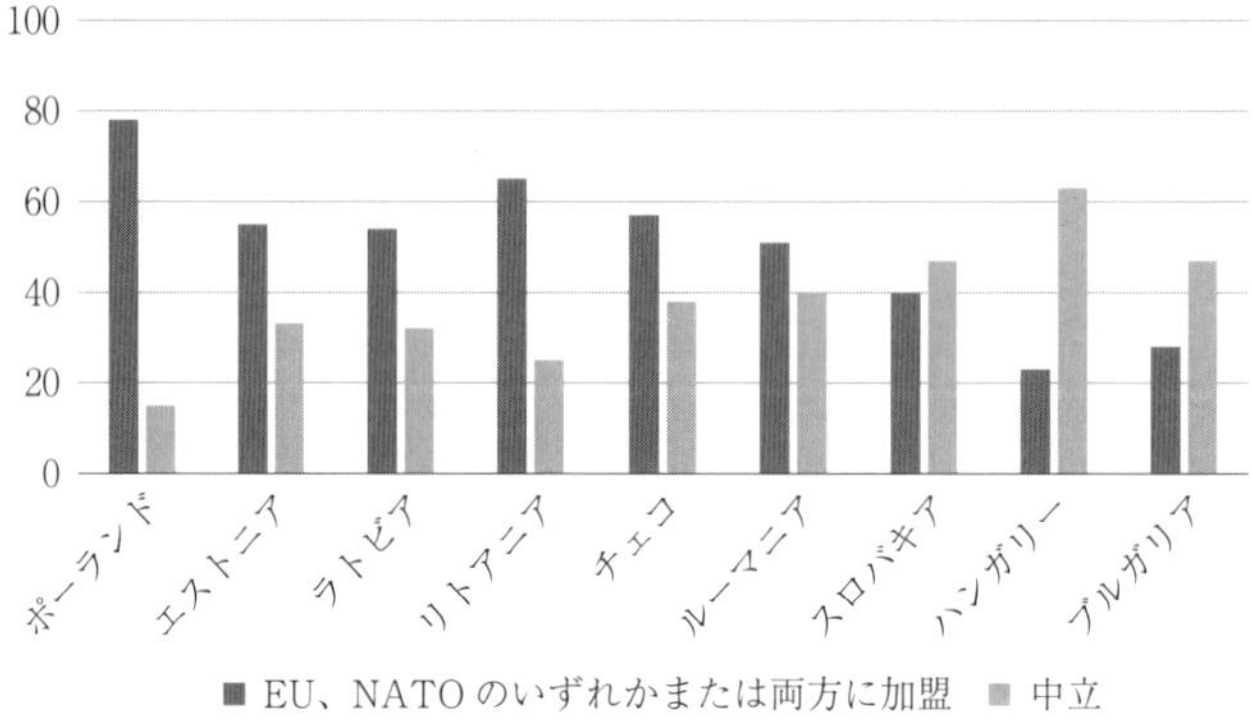

（出所）　*GLOBSEC Trends 2022*, p. 58.

盟も支持とはっきりしており、ルーマニアにもある程度そうした傾向が認められたが、スロバキア、ハンガリー、ブルガリアは、ロシアを戦前から必ずしも脅威とは認識しておらず、ウクライナに対しても中立を求めるなど、やや異なった傾向を示していた。つまり中・東欧の社会の基底においては、クレチッチや筆者が指摘したような中・東欧の分裂的傾向が、ロシア・ウクライナ戦争勃発後も若干の変容を遂げつつ継続していることが確認できるのである。戦争勃発がルールに基づく国際秩序への明確な挑戦であることについては中・東欧でも一致しているにせよ、その対応についてては、こうした政治文化の違いが、「支援疲れ」とともに、NATO東翼の結束に影を投げかけていると言えよう。

おわりに——停戦に向けて

中・東欧における分裂的傾向は、今後、どのような形で停戦が成立しようとも、その停戦のありようとその後のヨーロッパ秩序構築に、二つのやや逆向きのインパクトをもたらす可能性がある。

第一は、武器援助や難民受け入れを含めた人道支援の実績により、ヨーロッパ秩序構築におけるステークホルダー（利害関係者）としてのポーランド、チェコやバルト三国の比重が増大することである。これらの国は、英国、北欧のフィンランドやスウェーデンとともに、ウクライナ領土からのロシア軍の完全撤退とその後のウクライナの安全の保証（NATO加盟）、およびロシアに対する指導者の国際刑事裁判所（ICC）への起訴を含めた懲罰的な対応を主導するだろう。

しかし第二に、ポーランド、チェコ以外の中・東欧での、ロシアとの交渉を求める動向の存在も無視できない。特に西欧、南欧諸国の社会がさらなる「支援疲れ」を引き起こし、それぞれの国においてそのことをエリート批判に結びつけるポピュリズム運動が浮上した場合、そうした動きと連動してロシアとの交渉を求める圧力が強まる可能性がある。

この二つのインパクトのうち、戦況が膠着化したまま戦争が長期化すると、第二のインパクトが強まることが予測される。このことはドイツ、フランスの動向とも深く関わりがある。戦争勃発初期の二〇二二年五月まで、ポーランド、チェコやバルト三国が英国とともに武器援助を含めた支援の牽引役であった。これに対してドイツ、フランスは、武器援助の遅れがしばしば批判されていた。しかし二〇二二年末までに、そうした傾向は徐々に逆転しはじめ、とりわけドイツは重火器を含めた武器援助や財政支援、人道支援の総額を二〇二二年五月時点の二倍以上に増加させており、ポーランドの援助額を追い越した。そうしたドイツやフランスにおいては、支援強化とともに、交渉による停戦を求める声も浮上してきている。二〇二三年二月には、パリでゼレンスキーと会談をしたマクロン仏大統領が、反転攻勢後の交渉を促したとされている（Pancevski & Norman, 2023）。ポーランドやチェコ以外の中・東欧の社会が、こうした対ロシア交渉を求める声を下支えする可能性があるのだ。

今後の停戦交渉の可能性についてはその前提として、①その時点の戦線で停戦、②二〇二二年二月二四日のロシアによる侵攻以前の国境線への復帰、③クリミア半島、ドンバスの解放を含めた二〇一四年以前の国境線への復帰、が想定される。ロシアは最低でも①を求めるだろう。他方、二〇二二年の反転攻勢成功の上でウクライナは、停戦交渉の前提を戦争当初の②から③へと明確に転換させた。そのため両者が歩み寄る現実的可能性は限りなくゼロに近い。この点からすると、二〇二三年の反転攻勢は非常に重要な意味を持ってくる。この反転攻勢の結果が、二〇二四年にかけて停戦交渉の基礎となる可能性があるからである。

停戦について中・東欧ではロシア寄りのハンガリー・オルバン首相が、「時間はウクライナではなくロシアに有利」として長期化に懸念を示した上で、ただちに交渉による解決を求めるべきだと主張している（Ronzheimer, 2023）。また、対ロ最強硬派のポーランドでさえ、二〇二三年四月の世論調査によると、前述の①を予測する人は三七％、②を予測する人が二二％なのに対して、③のクリミア半島を含めたすべての領土からロシアが撤退すると見る人は一二％に過ぎない。こうした展望を反映して、ロシアへの領土や政治的譲歩を代償としてでもウクライナの平和を追求することを支持する人の割合は、二〇二二年七月は二三％だったのが二〇二三年三月は三〇％へと増えていることには注意を払う必要があるだろう（CBOS, 2023）。

ゼレンスキー大統領は、二〇二二年九月にNATOへの正式な加盟申請を発表した。しかしストルテンベルグNATO事務総長はこれに対して、門戸開放政策の継続を確認しつつもコンセンサス成立の必要性を指摘した上で、「現在、最も求められているのはウクライナ支援である」として加盟問題への取り組みを先送りする姿勢を示した。二〇二三年七月のビルニュスNATO首脳会議においても、ウクライナの加盟問題は戦後に扱われるとの方針が示され、戦争中はG7の支援枠組みのもとで個別に二国間で行うウクライナ支援を優先させることが決まった。

戦争の長期化は、ウクライナにとっての確実な安全の保証であるNATO加盟を遅らせるだけでなく、NATO東翼の国々の結束に動揺を引き起こし、結果的にロシアとの交渉による停戦を求める声にまでつながる可能性が排除できない。戦線が膠着したままの戦争長期化は、ウクライナに難しい課題を突きつけることになるだろう。

参考・引用文献

・仙石学「東欧の混迷と分断――EUとロシアの間で混迷する欧州と国際秩序」『平成三〇年度外務省外交・安全保障調査研究事業委託報告書』、二〇一九年三月、五三―六三頁。
・広瀬佳一「漂流の危機にあるNATO」『現代ヨーロッパの安全保障――ポスト2014：パワーバランスの構図を読む』ミネルヴァ書房、二〇一九年、二〇九―二二二頁。
・広瀬佳一「NATOの変貌とエスカレーション・リスク」『世界』臨時増刊ウクライナ侵略戦争（岩波書店）、二〇二二年四月、一〇九―一一八頁。
・広瀬佳一編『NATO（北大西洋条約機構）を知るための71章』明石書店、二〇二三年。

- Christoph Trebesch, Arianna Antezza, Katelyn Bushnell, Andre Frank, Pascal Frank, Lukas Franz, Ivan Kharitonov, Bharath Kumar, Ekaterina Rebinskaya & Stefan Schramm (2023). "The Ukraine Support Tracker: Which countries help Ukraine and how?" *Kiel Working Paper*, No. 2218, pp. 1-65.
- CBOS (Centrum Badania Opinii Spolecznej), CBOS, "Polacy wobec wojny na Ukrainie", KOMUNIKAT Z BADAŃ, Nr 41, Kwiecień 2023, pp. 1-11.
- Eurobarometer, *Flash Eurobarometer 506: EU's response to the war in Ukraine*, April 2022, p. 25.
- *GLOBSEC Trends 2022: CEE amid the war in Ukraine*, 2022, pp. 1-91.
- Kurečić, Petar, "The 'New cold warriors' and the 'pragmatics': the difference in foreign policy attitudes towards Russia and the Eastern Partnership states among the NATO member states from Central and South-Eastern Europe," *Croatian International Relations Review*, vol. 23, no. 80 (November 2017), pp. 72-75.
- Bojan Pancevski and Laurence Norman, "NATO's Biggest European Members Float Defense Pact With Ukraine; French and German leaders told Ukrainian President Zelensky that he needs to consider peace talks", *The Wall Street Journal Online* February 24, 2023.
- Paul Ronzheimer, Nicolas Camut and Gregorio Sorgi, "Putin remains strong despite Wagner rebellion, Hungary's Orbán says", *Politico*, June 27, 2023.
- UNHCR, *Operational Data Portal: Ukraine Refugee Situation*, 2023.

あとがき

二〇二二年二月二四日にロシアがウクライナへの本格的な進攻を開始して、ウクライナ戦争が勃発してから一年半が経過するが、いまだにその行方は定まっていない。はたして戦争がいつまで続くのだろうか。そしてどのように戦争の終結が可能となるのであろうか。第一次及び第二次チェチェン紛争が一〇年継続したことを考慮すれば、ロシアが容易に戦闘を終結するとは思えないし、二〇一五年のミンスクⅡ合意のように、一度停戦協定を結びながらもそれが守られず、戦闘が再開することもあるかもしれない。未来を予測することはできないが、戦争が継続している現段階でも、ヨーロッパ国際関係ではすでにいくつもの巨大な構造変動が生じつつある。これまで長い期間、中立国であったフィンランドとスウェーデンが、その伝統を乗り越えてNATOへの加盟申請を行ったことは、その一つの証左であろう。

本書は、これまで何冊もの優れた成果を刊行してきたUPプラスのシリーズの一つとして、ヨーロッパ国際関係の専門家の方々に依頼をして、現段階でのウクライナ戦争の推移についてそれぞれの専門的な見地から執筆をしていただいた。より早く刊行されるはずであったが、編者である私の不手際などからも刊行が後ろにずれたことをお詫び申し上げたい。他方で、短い期間で、しかも流動的な戦局に翻弄されながらも、各執筆者の方々には期待を上回る優れたご論稿をおまとめ頂いた。本書をお読み頂ければ、日本におけるヨーロッパ研究の水準の高さをご理解頂けるのではないだろうか。

この間、東京大学出版会編集部の阿部俊一氏には、本書の企画から始まって、忍耐強くお原稿をお集めいただくと同時に、それぞれの執筆者の方々のご事情に配慮して柔軟に対応を対応いただいた。各章ごとに分量が異なっていたり、執筆のアプローチが異なっていながらも、全体としてウクライナ戦争をヨーロッパ国際関係の視座から多角的に検討するという本書の目的は十分に実現できたと思う。阿部氏のご尽力に、この場を借りてお礼を申し上げたい。

ヨーロッパやロシアをこれまで研究してきて、現地に繰り返し足を運んでそこでの知人や友人をもつ私たちにとっても、戦争の継続、そしてそれによって美しい都市が破壊され、多くの人々が命を失うことは限りない苦痛である。早期に戦争が終結し、戦後のヨーロッパが安定して協調的で再び文化が輝き、経済発展が実りをもたらすことを願ってやまない。冷静で客観的な分析の背後に、それぞれの執筆者がさまざまな思いを抱えているのではないか。執筆者を代表して、早期に戦争が終結してその傷痕がはやく癒やされることを願いながら、筆を置きたいと思う。

細谷雄一

二〇二三年九月

編者略歴
細谷雄一
慶應義塾大学法学部教授
専門は国際政治史
著書に『外交による平和——アンソニー・イーデンと二十世紀の国際政治』（有斐閣）、『外交——多文明時代の対話と交渉』（有斐閣）、『倫理的な戦争——トニー・ブレアの栄光と挫折』（慶應義塾大学出版会）『国際秩序——18世紀ヨーロッパから21世紀アジアへ』（中央公論新社）など多数。

U.P.plus

ウクライナ戦争とヨーロッパ

2023年12月12日　初　版

［検印廃止］

編　者　細谷雄一《ほそやゆういち》

発行所　一般財団法人　東京大学出版会
代表者　吉見俊哉
153-0041 東京都目黒区駒場 4-5-29
https://www.utp.or.jp/
電話 03-6407-1069　Fax 03-6407-1991
振替 00160-6-59964

印刷・製本　大日本法令印刷株式会社

ISBN 978-4-13-033307-8　Printed in Japan

UP plus 創刊にあたって

現代社会は、二〇世紀末の情報革命とグローバル資本主義の深化によって大きく変貌を遂げてきました。情報革命はライフスタイルに大きな変革を及ぼし、わたしたちの生活に多大な影響を与え続け、いまなお変化の途中にあります。また、グローバル資本主義の進展もワークスタイルに大きな変革を及ぼし、世界の一体化を促進させてきました。しかし、同時に様々な次元で格差を生じさせ、分断を深めています。

しかし、二〇二〇年の初頭に発生したCOVID-19（新型コロナウイルス感染症）のパンデミックによって、より快適に、より便利に、より早く、ということを追求してきた現代社会は大きな影響を受けたのです。この出来事はわたしたちに大きな警鐘を与えるとともに、わたしたちが生きている社会のあり方、そして世界のあり方にも再考をうながしているのです。

このような状況下で、いま一度「知」というものを改めて考え直す時代が訪れているのではないでしょうか。いまの危機を乗り越え、格差や分断を乗り越えるには、人類が積み重ねてきた「知」の集積をたよりにして、あたらしい地平を開くことこそが求められているのではないかと考えられるのです。まだ見ぬ世界への道しるべとして、「知」はやはりかけがえのないものなのです。

このたび、東京大学出版会は、「UP plus」と題し、「知」の集積地である、大学からひろく社会と共有する「知」を目指して、複雑化する時代の見取り図としての「知」、そして、未来を開く道しるべとしての「知」をコンセプトとしたシリーズを刊行いたします。

「UP plus」の一冊一冊が、読者の皆様にとって、「知」への導きの書となり、また、これまでの世界への認識を揺さぶるものになるでしょう。そうした刺激的な書物を生み出し続けること、それが大学出版の役割だと考えています。

一般財団法人　東京大学出版会

新興国から見るアフターコロナの時代
――米中対立の間に広がる世界

川島　真・池内　恵編

A5判・一九二頁・一五〇〇円

新型コロナウイルス感染症によって、世界秩序は大きく変化した。その影響は米中といった超大国だけではなく、地域大国（BRICS）にも及んだ。本書は、大きく変化する国際関係を地域大国といわれる国々を中心に多角的な視点から分析し、最新の動向を踏まえ展望する。

バイデンのアメリカ
――その世界観と外交

佐橋　亮・鈴木一人編

A5判・二四二頁・二五〇〇円

トランプ前アメリカ大統領を僅差で破り、二〇二一年一月に就任したバイデン大統領。就任以降、バイデン政権は内政・外交ともになにを目指すのか？　超大国アメリカの実像を気鋭の研究者が読み解く、アメリカ研究の最前線。

ここに表示された価格は本体価格です。御購入の際には消費税が加算されますので御了承下さい。

習近平の中国

川島　真・小嶋華津子編

異例の三期目にはいる政権は何をめざすのか？

A5判・一九二頁・二四〇〇円

経済発展、少子高齢化、イノベーション、環境問題、統治体制、民主化、人民解放軍、新疆ウイグル、香港、台湾、外交戦略、日中関係など様々な課題・政策・理念を最新の知見をもとに分析し、今後を見通す中国研究の最前線。